Angelika Koerner

Piraterie vor der Nordseeküste

Reportagen aus 1000 Jahren

Verlag Boyens & Co.

Für meine Enkel Björn, Kai, Jan und Ingo

ISBN 3-8042-0538-0

Neuauflage 2000
© 1991 Westholsteinische Verlagsanstalt Boyens GmbH & Co. KG, Heide
Alle Rechte vorbehalten.
Umschlaggestaltung: Günter Pump
Herstellung: Boyens Offset, Heide
Printed in Germany

INHALT

VORWORT

Das Küstenland an der Nordsee hat seine ganz eigene Geschichte mit sehr markanten, historisch belegbaren Ereignissen, die davon zeugen, wie über die Jahrhunderte hinweg die See Schauplatz für Gesetzlosigkeit und Gewalt, für übersteigerten Freiheitsdrang oder auch schnöde Sucht nach unrechtem Gut wurde.

Das begann um die Jahrtausendwende schon, als die armen Küstenbewohner von ihrem noch nicht durch Deiche geschützten Land miteinander ins Watt zogen, um Plattfische mit der nackten Hand zu fangen – und so manches Mal der Schwächste unter ihnen von solchem Fang nicht mehr nach Hause kam. Er blieb in Watt und Nebel, und seinen Fang brachten die Stärkeren mit nach Haus.

Im 13. und 14. Jahrhundert dann, als die Dänen und Holsten in ständiger Fehde miteinander lagen und den Dithmarschern dabei eine etwas zwielichtige Rolle zufiel, war es die mangelnde Staatsautorität, die der Seeräuberei hierzulande zu einer wahren Blütezeit verhalf. Das war auch die Zeit des Seeräuber-Idols Klaus Störtebeker – die Zeit, als friedfertige Kauffahrteischiffe arglos den von Piraten falsch gelegten Seefeuern folgten und auf Sandbänke liefen, um dort gnadenlos ausgeraubt zu werden.

In der ersten Hälfte des 15. Jahrhunderts gab es dann die kriegerischen Zwistigkeiten zwischen den Dithmarschern und den Hamburgern, die ihren Ursprung in tollkühnen Piratenstreichen der Dithmarscher hatten, die die Elbe herauffuhren und sengend und brennend die Schiffe im Hafen der Hansestadt plünderten.

Im Jahre 1545 endete der letzte Seeräuber als Geköpfter auf dem Heider Marktplatz. Aber das war nicht das Ende von Gesetzlosigkeit, Gewalt und Untaten auf der Nordsee.

Habgier und der Wunsch, sich um jeden Preis zu bereichern, bestimmten die Menschen immer wieder, Unrecht zu tun. Manchmal ließ sich so etwas sogar mit dem Mantel der Entschuldbarkeit tarnen – wie zum Beispiel der Netzfang von Bergenten zur Zeit der Mauser oder die erbarmungslose Jagd auf Seehunde.

Profitgier wirkt bestimmend bei einer anderen Straftat auf dem Meer, die heute noch dem Gesetzgeber sehr zu schaffen macht. Es ist der Schmuggel. Er bildete bereits den Hintergrund für die spektakuläre Geschichte einer Seeschlacht vor Büsum am 3. September 1813 im Krieg zwischen Engländern und Franzosen.

Auf sehr viel positivere Weise nahmen die deutschen Küstenbewohner sich dann die Engländer zum Vorbild, als sie im Jahre 1865 die „Gesellschaft zur Rettung Schiffbrüchiger" ins Leben riefen. Bis zu diesem Zeitpunkt hatte man hier an der Küste nicht nur niemals an die Rettung eines Schiffes in Seenot gedacht, sondern mit dem fragwürdigen Stoßgebet „Herr, segne unseren Strand" am Ufer gewartet, bis Leichen und Schiffsgut antrieben. Und dann warf man sich auf die Güter. Denn jeder durfte behalten, was er fand – vorausgesetzt, die Mannschaft des Schiffes war tot.

Wie im Wandel der Jahrhunderte das Meer vor unserer Küste zum Schauplatz verbrecherischer Handlungen wurde, soll in diesem Buch anhand historisch belegbarer Ereignisse wiedergegeben werden.   Angelika Koerner

Mittelalterlicher Fischfang im Watt

Der Stärkere übervorteilt den Schwächeren

Es ist nicht viel, was aus der Zeit, da das erste Jahrtausend unserer Zeitrechnung zu Ende ging, überliefert ist. Man kennt die geographischen Gegebenheiten – es ist auch durchaus möglich, sich anhand fragmentarischer Überlieferung ein Bild damaliger Existenzformen zu gestalten. Auch den Spuren der Menschen, die zu dieser ersten Jahrtausendwende nach der Geburt Christi lebten, kann man folgen und bis zu einem gewissen Grad nachvollziehen, wie sich ihr Dasein entwickelte.

Durch alle Jahrhunderte hindurch hat man den Bewohnern der Küste zugestanden, ein besonders hartes Leben zu führen. Der Kampf um ihre Existenz, um den Boden, auf dem sie siedelten und den das Meer ihnen so häufig zu entreißen drohte, hat sie durch alle Zeiten geprägt.

Und es ist eine alte Weisheit: Wer unter einer ständigen Bedrohung lebt, wird hart. Wer ums eigene Überleben bangt, verliert die Rücksichtnahme auf andere. Gewalt wird oftmals aus nackter Not geboren, und Aggressionen wachsen in der Bedrückung.

Von daher wird es verständlich, daß schon vor tausend Jahren ein ständiges Kräftemessen die Menschen an der Nordseeküste so manches Mal auch in Verbrechen trieb.

9

Jeder von ihnen war so arm, daß Neid gegen jeden schwelte, dem ein bißchen mehr zufiel.

Und das konnte hier im Küstenbereich durch mancherlei Weise geschehen. Das Meer schüttete sein Füllhorn über Gerechte und Ungerechte wahllos aus. Dem einen bescherte es einen reichen Fischzug, dem anderen wertvollen Bernstein und einem dritten vielleicht den Fund einer gestrandeten Barke. Auf jeden Fall: Wem auch immer das Glück einmal hold war – er mußte mit dem Neid und der Rachsucht seiner Mitmenschen rechnen.

Um das Jahr 1000 waren die Dithmarscher und die friesischen Küsten noch nicht eingedeicht. Hinter dem Watt bauten sich die Menschen ihre Hütten auf Warften und lebten von dem Vieh, das auf ihren Weiden graste, und von dem wenigen, was sie um ihre Häuser herum anbauten. Und sie lebten von dem, was ihnen das Meer bot. Und das nahmen sie rücksichtslos, denn das Meer nahm ihnen auch viel – manchmal das Haus, in dem sie wohnten, und die Weiden, die ihr Vieh ernähren sollten.

Dithmarschen darf man sich zu jenem Zeitpunkt als flachen Küstenstreifen vorstellen, dem die Insel Busen – das heutige Seebad Büsum – als die größte mehrerer inzwischen verschwundener Inseln vorgelagert war. Diese Inseln waren in früherer Zeit noch nicht bewohnt. Man machte nur zusätzlich Heu auf ihnen, um das Vieh im Winter ernähren zu können.

Wenn man dem Dithmarscher Geschichtsschreiber Neocorus, der in Wirklichkeit den Namen Johann Adolf Köster trug und in Büsum um 1600 Lehrer und Geistlicher war, Glauben schenkt, begannen die Menschen gerade um die Jahrtausendwende zu entdecken, welche Kostbarkeit ihnen das Meer mit den Fischen schenkte. Zogen sie zunächst auch nur ins Watt hinaus, um für den eigenen Bedarf ein paar

Fische heimzuholen, so merkten sie doch bald, daß es so viele Fische gab, die man auch andernorts zu schätzen wußte, daß es schon einen Handel lohnte. Neocorus berichtet, daß schließlich zweimal täglich zur Ebbezeit die Küstenbewohner manchmal sogar familienweise hinauszogen, um den Segen einzuholen. Das sogenannte *Buttpedden* wurde zu einer so einträglichen Sache, daß die Bevölkerung streckenweise darüber sogar vergaß, das Land ausreichend nutzbringend zu bebauen. Und es war eine leichte Arbeit, die sogar schon die Kinder verrichten konnten. Man suchte im Watt und in den Prielen aufmerksam nach Fischen, die sich dadurch bemerkbar machten, daß sie von Zeit zu Zeit den Kopf aus dem Wattboden steckten. Kaum hatten sie die Bewegung gewagt, so setzte sich schon mit kräftigem Tritt ein menschlicher Fuß auf sie. Ein rascher Griff zog dann das Tier aus dem Schlick, ein zweiter Griff tötete es, und mit gekonntem Schwung flog der Fang in den Korb, den der Fänger auf den Schultern trug.

Einige mutige unter den Männern bauten sich auch schon Ewer – das sind plattbodige Küstensegler –, mit denen sie ausfuhren und in der See nach Lachs, Rochen und Stör fischten.

Sie lernten sogar, die Fische durch Antrocknen vor dem Verderben eine Weile zu schützen, so daß diese bis hin in benachbarte Orte gebracht werden konnten.

Auch dieser Handel wurde so manches Mal auf unredliche Weise betrieben. *Not kennt kein Gebot* – und so trachtete man, auch solche Fische noch abzusetzen, die längst nicht mehr in einwandfreiem Zustand waren. Oder man bestahl sich gegenseitig, wann immer sich eine Gelegenheit bot.

Oder auch – und auch von solchen Fällen ist berichtet worden – man zog in kleinen Gruppen aus, und einer oder auch mehrere kamen nicht wieder mit nach Haus zurück.

Was sich draußen in den Watten oder auf dem Wasser abspielte, kann im nachhinein nur vermutet werden ... Eines aber ist sicher: Ränke, Rachsucht und Neid spielten unter der armen Bevölkerung eine große Rolle.

Man darf auch davon ausgehen, daß christliche Einflüsse, die im 12. und 13. Jahrhundert an der Nordseeküste Geltung bekamen und eine gewisse gebotsmäßige Ausrichtung und damit moralische Hemmschwellen schafften, um die Jahrtausendwende noch nicht bestanden.

Der Stärkere glaubte sich im Recht, wenn er über den Schwächeren bestimmte und seine Schwäche für sich nutzte.

Mangelnde Staatsautorität führt zu Seeräuberei

Die Dithmarscher im Krieg zwischen Dänen und Holsten

Die spektakulärste aller Gesetzlosigkeiten auf dem Meer ist die Seeräuberei gewesen, die Piraterie – gefürchtet und gnadenlos gerächt, geächtet und bestraft, aber auch respektiert und sogar verherrlicht.

Wenn heutzutage jemand als Seeräuber oder Pirat verkleidet auf dem Fasching erscheint, dann will er die Vision von Segelschiffen auf mondbeschienenem Meer heraufbeschwören, den Gedanken an verwegene, kaltblütige Männer, die in halsbrecherischer Weise große Frachtschiffe entern und legendäre Schätze auf unbewohnten Inseln lagern. Streicht man aber diese verlockenden Bilder, so bleiben die Piraten nichts anderes als ganz gewöhnliche Mörder und Diebe.

Die Gesetzlosigkeit war seinerzeit auf dem Meer noch größer als auf dem Lande – aus dem einfachen Grund, weil das Meer niemandem gehörte. Ein internationales Seerecht gab es lange Zeit nicht. Aber selbst, als Handel und Wandel auf dem Meer durch Gesetze gesichert wurden und sogar Admiralitätsgerichte über die Einhaltung wachten, gab es noch Seeräuber, die dem Henkerstrick entgingen. Ihre Tricks und Schlupfwinkel waren kaum bekannt, und insbesondere in Zeiten von Kriegen boten sich ihnen immer neue Möglichkeiten.

13

Auch in Dithmarschen entstand die Seeräuberei in der Zeit blutiger Fehden – damals, als im Heiligen Römischen Reich der kaiserliche Einfluß immer geringer wurde und das *Faustrecht* immer mehr an Bedeutung gewann. Um Freiheit und Macht zu erringen, glaubte man, Mord und Plünderei einsetzen zu dürfen, und die Dithmarscher versuchten es um die Mitte des 14. Jahrhunderts mit Seeräuberei. Ihre politische Stellung war zu dem Zeitpunkt sehr zwiespältig. Im Jahre 1227 waren die Dithmarscher von den Dänen in der Schlacht bei Bornhöved in einen Kampf mit den Holsten gezwungen worden. Sie verrieten aber die Dänen, machten mit den Holsten gemeinsame Sache und verhalfen ihnen damit zu einem Sieg über die damals verhaßten Dänen. Nur wenige Jahrzehnte später aber traten die freiheitsliebenden und nach Unabhängigkeit strebenden Dithmarscher gegen die von ihnen unterstützten Holsten an und schlugen sie bei der Wöhrdener Kirche in einer erbitterten Schlacht.

Autoritätsmangel und Eigenmächtigkeit überall...

Aus diesen Faktoren entstand die Basis für die florierende Seeräuberei, die die Nordseeküstenschiffahrt in Angst und Schrecken versetzen sollte.

Ihre Vorbilder hatten diese Seeräuber in der Antike – obwohl ihnen das natürlich nicht bewußt war. Die Griechen prägten vor 3000 Jahren das Wort *peirates* und meinten damit Abenteurer und maritime Wegelagerer, die es auf ihre Schiffe abgesehen hatten. So heißt es schon in der Odyssee: *„Fremde, sagt, wer seid ihr? Zieht ihr umher als Händler oder wagt ihr euer Leben als Piraten?"* Weltweit war die Angst vor Piraterie, die es solange gibt, wie Schiffe die Meere befahren.

Die ersten Seeräuber der Nordsee waren im frühen Mittelalter die Wikinger gewesen, die als kühne Seefahrer mit ihren Drachenschiffen von Skandinavien herunterkamen und sich leider nicht mit Entdeckungsfahrten begnügten, sondern auch die Küsten verheerten.

Die Motive der Dithmarscher Seeräuber in etwas späterer Zeit waren zunächst anders ausgerichtet. Diese Männer beriefen sich vielfach darauf, nichts weiter als ihr Recht zu verteidigen. Sie galten durch die Jahrhunderte als aufrecht, unabhängig und stolz und betrachteten den Strand und die vorgelagerten Gewässer als ihr Eigentum. Und so scheinen vielfach die Dithmarscher heute noch ihre räuberischen Vorfahren zu sehen: Man empfindet eher eine Art Stolz auf sie als Beschämung und verzeiht ihnen offenbar, daß sich für sie die Grenzen zwischen Strandrecht und Strandraub und dann letztlich auch zwischen Strandraub und Seeraub verwischten.

Und damit war hierzulande die Piraterie geboren ...

Die Nordsee war zu dieser Zeit das bedeutendste Handelsmeer. Aus Nord und Ost gingen Holz, Fisch und Pelze ins südliche Europa, und aus dem Mittelmeerraum verschiffte man Gewürze und Wein, aber auch wertvolle Reliquien gen Norden. Das war natürlich verlockend für die Seeräuber.

Wer an die Seeräuber dieser Zeit denkt, stößt unweigerlich auf den Namen *Vitalienbrüder.* Sie waren ein abenteuerliches Gesindel, das ursprünglich dazu angeheuert war, die dänische Blockade vor Stockholm zu durchbrechen, die die Schwarze Margret, Königin von Dänemark und Norwegen, nach ihrem Sieg über Schweden im Jahre 1389 gelegt hatte. Es war ihr damals gelungen, ganz Schweden mit Ausnahme der Hauptstadt zu besetzen.

Der Name *Vitalienbrüder* stellt eine Art Verballhornung des Wortes *Viktualien* für *Lebensmittel* dar, die diese Brüder im Auftrag der Schweden nach Stockholm durchkommen ließen, aber manchmal schon vorher raubten. Schon bald zeigte es sich, daß sie mit der ihnen zugedachten Aufgabe der Blockadebrechung nicht mehr zufrieden waren. Sie machten mehr und mehr räuberische Überfälle und kaperten schließlich alle Handels- und Kauffahrteischiffe, die ihren Weg auf See kreuzten. Ihre Losung hieß: „*Gottes Freund und aller Welt Feind*". Ob sie wirklich *Gottesfreunde* waren, bleibe dahingestellt. Aber daß sie überall gehaßt wurden, ist verbürgt.

Die Vitalienbrüder nannten sich auch *Likendeeler*, weil sie ihre Beute ganz zu gleichen Teilen untereinander aufteilten. Ein großer Teil von ihnen setzte sich auf der Insel Helgoland fest, und so ist es nicht verwunderlich, daß sich bald die Hamburger Kaufleute besonders von ihnen gequält sahen.

Hin und wieder gelang es den Hamburgern, mit ihren Koggen, die eigens dafür ausgerüstet wurden, etliche der Piraten zu fangen. Dann wurden ihnen reihenweise die Köpfe abgeschlagen, und die Henker sollen an solchen Tagen bis zu den Knöcheln im Blut gestanden haben. Aber es gab immer wieder neue Räuber auf dem Meer, die nicht Ruhe gaben. Auch dann nicht, als später der berühmt gewordene Godecke Michels und seine Genossen in Hamburg enthauptet wurden und man ihre Köpfe als blutige Warnung für andere Übeltäter auf der Hamburger Stadtmauer aufspießte.

Berühmtheit errang auch der Dithmarscher Seeräuber Cord Widderich, der als besonders verwegen und vom Glück begünstigt galt. Mit einer Bande von Dithmarscher Abenteurern zog er bis nach Pellworm, wo er eine Kirchenruine zu seinem Quartier machte. Cord Widderich wurde übrigens dafür bekannt, daß er auch Raubzüge über Land unternahm, als Kirchenschänder Beute machte und schließlich – wohl um sein Gewissen zu erleichtern – seinem Heimatdorf Büsum ein Taufbecken „vermachte", das er auf der Insel Pellworm stahl und das heute noch ein Zierstück der Büsumer Kirche St. Clemens darstellt.

Über all das hat der bereits erwähnte Dithmarscher Chronist Neocorus berichtet. So weiß man auch, daß nichts den Cord Widderich davor bewahrte, am Ende doch gehenkt zu werden. Der Vogt des Grafen Heinrich von Segeberg fand ihn, nachdem man ihn lange wegen seiner Wegelagerei verfolgt hatte, in einer Segeberger Herberge und hängte ihn voller Erbitterung in Eigenregie einfach an einem Baum auf.

Damit war Cord Widderich zwar tot. Aber die cleveren Dithmarscher zogen auch noch Nutzen aus seinem Tod. Pure Selbstjustiz war auch in damaliger Zeit nicht erlaubt. Und so veranlaßten die Dithmarscher die Segeberger, ihnen eine *Mannbuße* in Höhe von einhundert lübschen Mark zu zahlen. Auf diese Weise gereichte der Seeräuber seinen Landsleuten tatsächlich auch nach seinem Tode noch zum Vorteil.

Wie er, so versuchten auch andere wilde und verwegene Küstenbewohner an der Nordsee ihr Glück mit Seeraub und Mordbrennerei.

Eine beliebte Art, Schiffe zu plündern, war für diese Räuber, sie zum Stranden zu bringen. Bei dieser Methode ersparte man sich einen offenen Kampf auf dem Wasser. Sie setzte nur eine sehr genaue Kenntnis der Strände und Sände in der Nordsee voraus. Aber welcher Pirat in diesen Gewässern war hier nicht absolut versiert!

Die Methode bestand darin, während der Nacht falsche Leuchtfeuer anzuzünden. Wenn nun ein Schiff darauf zuhielt, lief es unweigerlich – wie die Piraten es vorausberechnet hatten – auf einen Sand oder auch den Strand einer unbewohnten Hallig. Bevor der Steuermann der meistens sehr wenig wendigen Boote erfaßt hatte, was da geschah, war sein Schiff schon manövrierunfähig. Dann wurden die Matrosen aus dem Hinterhalt überwältigt, und es gab für die Räuber leichte Beute.

Besaßen die Seeräuber jedoch gut bewaffnete Schiffe, so ließen sie sich auch auf eine Seeschlacht ein und hielten auf offener See verwegen Kurs auf das von ihnen auserwählte Schiff. Dabei setzten sie ihre Schlachtenflagge. Sie war schwarz, wenn der Gegner sein Schiff zur Übergabe bereitmachen sollte, und sie war rot, wenn man ein Gefecht ohne gegenseitigen Pardon wünschte. Die Seeräuberanführer hatten zudem noch eigene Fahnen, wie sie bis heute als *Piratenfahnen* bekannt sind. Sie trugen das Symbol des Totenkopfes mit gekreuzten Knochen darunter oder auch ein vollständiges Skelett oder eine knöcherne Faust mit einem Schwert darin.

Die Schiffe, die gekapert werden sollten, hatten meistens keine reelle Chance. Die Piraten segelten auf die Luvseite, um dem Opfer den Wind aus den Segeln zu nehmen, und schossen dann breitseits auf den Gegner. Der strich dann meistens bald seine Segel, so daß die Piraten das Schiff entern und plündern konnten.

Dauerte der Widerstand des angegriffenen Gegners jedoch länger oder war gar nach einiger Zeit abzusehen, daß die Seeräuber unter Umständen unterliegen würden, so suchten sie lieber das Weite.

Obwohl die meisten von ihnen letztlich am Galgen geendet sind oder durch das Henkersschwert fielen, hatten fast alle Seeräuber ganz offenbar eine unheimliche Angst vor Gefangenschaft und Hinrichtung und zogen vielmals die Flucht vor.

Nachweisbar ist auch, daß sie im Falle einer Gefangennahme um ihren Kopf zu feilschen suchten. Der Begriff des *Lösegeldes* spielte in dieser Zeit eine ganz große Rolle.

BLÜTEZEIT DER NORDSEE-PIRATERIE

Tatsachen und Legenden um die Seeräuberei

Wie kaum sonst auf irgendeinem historischen Sektor sind geschichtliche Fakten nachträglich untermalt worden mit *Geschichten*, die die Bevölkerung aus eigener Sicht dazudichtete. Was die norddeutschen Seeräuber angeht, so weiß man tatsächlich, daß selbst in Chroniken und Bücher Ereignisse eingeflossen sind, die jeder realistischen Grundlage entbehren und zum Teil gar nicht wahr sein können.

Fest steht, daß Raubgier und das Verlangen nach zweifelhaftem Ruhm eine stattliche Reihe von tollkühnen Männern veranlaßt haben, wilde Raubzüge auf dem Meer zu veranstalten. Vielerorts scheint übrigens überliefert, daß es durchaus nicht immer zu wilden Schlachten kam. Häufig suchten sich die Piraten kleinere und weniger wendige Boote, als sie selbst sie besaßen, und gingen davon aus, in der Übermacht zu sein. Sie wollten ja nur die transportierten Güter. Die Matrosen erhielten dabei oftmals eine „Chance" ... Die Seeräuber forderten nämlich die Besatzungen auf, sich auf ihre Seite zu schlagen. Wer sich allerdings dazu nicht bereit erklärte, wurde einfach ertränkt. Es heißt sogar in einigen Seeräubergeschichten, daß die *Likedeeler* zum bloßen Vergnügen ihre Gefangenen auf grausame Art zu Tode folterten und sie erst dann ins Meer warfen.

19

Umgekehrt ersann man aber auch die abwegigsten und grausamsten Methoden, um die Piraten ins Jenseits zu befördern, wenn man ihrer einmal habhaft geworden war.

Von einem Henker wird erzählt, daß er seine Delinquenten bis zu den Schultern in enge Fässer steckte, die er dann nebeneinander an der Straße aufstellte. Dann fegte er mit seinem scharfen Schwert nur noch die Reihe entlang – und die Köpfe purzelten in Sekundenschnelle buchstäblich wie abgemäht.

Aus dieser Zeit sind unendlich viele Grausamkeiten bekanntgeworden. Da gilt es, sorgsam zu prüfen und zu sichten, was der Prüfung standhält und als *Wahrheit* angesehen werden kann und was man lediglich als Legende zu werten hat. Diese eigenartige Mischung aus Dichtung und Wahrheit wird verständlich, wenn man sich klarmacht, wie die Nachwelt bis auf den heutigen Tag hin und her schwankt zwischen Abscheu und Verherrlichung, wenn es um die Seeräuberei geht.

Ganz gewiß kann man über dies Thema nicht schreiben, ohne auf Klaus Störtebeker einzugehen, der gar nicht in Wirklichkeit so hieß, sondern seinen Namen bekam, weil er einen Weinbecher mit drei Litern Inhalt – manche behaupten sogar, mit vier Litern – auf einen Zug hinunterstürzte.

Und da geht es schon los mit Unmöglichkeit und Unwahrheit. Jeder Mediziner wird bestätigen, daß ein menschlicher Magen nicht eine solche Flüssigkeitsmenge auf einmal aufnehmen kann. Er müßte entweder platzen oder während des Trinkens bereits alles über die Speiseröhre wieder von sich geben. Da aber von beidem nicht berichtet wird, dürfen wir diesen *Bechersturz* als Sage werten und weiter darüber rätseln, woher wohl dieser Name stammt.

Daß unter dem Namen *Klaus Störtebeker* ein Mann mit ganz anderem Namen als Seeräuber gelebt hat, ist natürlich über jeden Zweifel erhaben. Aber wer war dieser Mann? Und wie hieß er wirklich? Wer er war und wo und wann er geboren wurde, hat niemals jemand ermitteln können. Und damit beginnen die Ranken der Legende eifrig zu wuchern.

Der in der DDR mehrfach ausgezeichnete Schriftsteller Kurt Bartel – genannt Kuba – will in seiner Störtebeker-Geschichte wissen, daß jener der Sohn eines Landarbeiters auf der Insel Rügen war, der den Baron Bonte zu Putlitz in einem heftigen Streit erschlug und danach in einem Fischerboot übers Meer floh und später seine Spießgesellen um sich scharte und sein Leben der Piraterie weihte. Der Hamburger Lyriker und Erzähler Hans Leip dagegen, der 1893 geboren wurde und damit etwa zwei Jahrzehnte älter ist als Kuba-Bartel, besteht darauf, daß Störtebeker der aristokratischen mecklenburgischen Familie von Alkun entstamme. Beide Behauptungen sind weder belegbar noch widerlegbar.

Im Jahre 1933 schrieb die Kulturhistorikerin Anneliese Blasel in Greifswald ihre Dissertation über Klaus Störtebeker. Sie mußte dabei die Feststellung machen, daß mindestens acht Orte Anspruch darauf erheben, Herkunftsort dieses berühmten Seeräubers zu sein. Es gibt aber nicht ein einziges Kirchenbuch, das einen Hinweis enthielte. Nach allen Nachforschungen bleibt lediglich die große Wahrscheinlichkeit, daß Störtebeker tatsächlich ein Sproß einer mecklenburgischen oder pommerschen Adelsfamilie ist.

Ranken sich um seine Herkunft schon viele Sagen, so gibt es um sein Ende mindestens genau so viele, die aber ganz gewiß auch genauso widerlegt werden können. Der nordfriesische Schriftsteller Boy Lornsen hat sich um all dieser Widersprüchlichkeiten willen gar nicht erst um *Wahrheitsfindung* bemüht und einen Roman geschrieben, der das abenteuerliche Leben dieses fragwürdigen Volkshelden beschreibt.

Verbürgt ist, daß die Hamburger ihren Erzfeind zusammen mit etwa 70 seiner wilden Gesellen im Jahre 1402 hingerichtet haben. Der Überlieferung nach soll eine Helgoländer Schaluppe, die in Büsum Proviant holen sollte, die Seeräuber bei Helgoland gesichtet und gemeldet haben. Darauf machten sich die Hamburger Koggen, die man zu diesem Zweck eigens vorher ausgerüstet hatte, unter der Leitung von Simon von Utrecht auf seiner berühmt gewordenen *Bunten Kuh* auf den Weg, stellten Störtebeker und seine Mannen und zwangen sie in den Kampf.

Um den Verlauf dieses Kampfes ranken sich ebenfalls einander widersprechende Berichte. Einige davon – ersonnen sicherlich von Menschen, die in diesem Seeräuber lieber einen Seehelden sehen wollten – erzählen von unseligen Zufällen, die ihn den Hamburgern in die Hände spielten. Nimmt man alle Gloriole weg, so bleibt wahrscheinlich ein wütender Angriff der Hanseaten-Schiffe, eine verzweifelte Gegenwehr der Piraten, nachdem sie einsehen mußten, daß ein Entkommen unmöglich war, und am Ende ihre Niederlage.

Denn verbürgt ist wiederum, daß Störtebeker und seine Gesellen an Bord der *Bunten Kuh* nach Hamburg transportiert und dort vor Gericht gestellt wurden. Der in die Enge getriebene große Räuber soll als Lösegeld eine goldene Kette geboten haben, mit der die Hamburger ihren Dom ganz umspannen konnten. Da es noch verschiedene andere Versionen einer Lösegeldzahlung gibt, kann man auch in diesem Punkt nicht mit Fakten aufwarten.

Tatsache ist, daß die erbitterten Hanseaten sich auf nichts einließen. Sie forderten den Tod ihrer Feinde.

Weithin bekannt ist die Geschichte mit einem fast rührselig anmutenden *Bittgesuch* Störtebekers. Er soll danach vom Hamburger Rat die Genehmigung erhalten haben, als erster geköpft zu werden – und zwar vor der aufgestellten Reihe seiner Kumpane. Kraft seines Willens wollte er dann als Kopfloser die Reihe der Männer ablaufen, und jeder, an dem er noch vorbeikam, ohne zu fallen, sollte frei sein. Neun Piraten soll er auf diese Weise gerettet haben. Ein anderer Bericht spricht sogar von elf Geretteten und behauptet, an der Stelle habe ihm der Henker ein Bein gestellt, weil er um seinen Lohn fürchtete.

Daß jede dieser Versionen unsinnig ist, beweisen die Mediziner. Das Gehirn lenkt die Bewegungen. Ist es von den Gliedmaßen abgetrennt, sind höchstens noch Reflexe möglich – niemals aber kontrollierte Bewegungen.

Nicht so ohne weiteres widerlegen kann man einen humorvollen Ausspruch des Henkers auf dem Weg zur Richtstätte. Als Störtebeker sich darüber beklagte, daß der Weg naß sei und er sich auf seinem letzten Weg nasse Füße hole, antwortete der, daß er froh sein müsse, mit derart nassen Füßen nicht auch noch den ganzen Weg wieder zurücklaufen zu müssen wie er, der Henker.

Und um von diesem denkwürdigen Tag noch etwas zu berichten, was verbürgt ist: Alle Hamburger Kirchenglocken läuteten, als die Piratenköpfe rollten.

Übrigens hat sich bis heute die Mär erhalten, Störtebeker habe auf seinen Raubzügen immense Schätze gesammelt. Nach dem Grundsatz der Beuteteilung unter den Räubern kann das nicht stimmen. Die Geschichte von der großen Menge puren Goldes, die man angeblich im Hauptmast von Störtebekers Schiff fand, als man es nach seiner Hinrichtung abwrackte, kann sogar als unmöglich abgetan werden. Jeder Tischler wird glaubhaft versichern können, daß ausgehöhlte Masten an Stabilität verlieren. Und außerdem ist das spezifische Gewicht von Gold so hoch, daß ein derart gefüllter Mast zu heftig schlingern würde.

Das Ungewöhnliche hat immer dazu angeregt, die Phantasie schießen zu lassen und Dinge zu erfinden, die dem Ganzen noch intensiver, noch bildhafter ein mysteriöses Gepräge geben. Das Volk neigt dazu, zu verherrlichen oder zu verdammen – je nachdem, wie das eigene Gemüt angesprochen ist.

Aber es war nicht nur die *vox populi*, die solcherlei Mären erzählt und überliefert hat. Auch Dichter haben sich mit dem Stoff auseinandergesetzt und Geschichten ersonnen, die die Seeräuberei zum Kernpunkt dramatischen Geschehens haben.

Der 1844 in Schleswig-Holsteins Landeshauptstadt Kiel geborene führende Lyriker des Impressionismus Detlev von Liliencron berichtet zum Beispiel in seiner ergreifenden Erzählung *Auf der Marschinsel* von einem grausamen Fund am Strand. Zwei schöne, junge Menschen sind mit rostigen Nägeln auf ein Brett *ähnlich der Tür oder der Wand einer verschwenderisch ausgestatteten Kajüte* geschlagen und von der Flut angespült worden. Barbarische Tat von Seeräubern? Liliencron läßt diese Frage offen, macht aber deutlich, wie ihn die Thematik des Verbrechens auf See beschäftigt hat – vielleicht auch deshalb, weil er 1875 wegen einer von ihm nicht mehr tilgbaren Schuldenlast als preußischer Offizier über den Ozean bis in die Vereinigten Staaten floh und erst sieben Jahre später zurückkam, um vorübergehend auch hier an der Küste zu leben.

Auch Theodor Storm neben Friedrich Hebbel, Schleswig-Holsteins größter Dichter, hielt diese Thematik gefangen. Er siedelte seine letzte und leider unvollendete Arbeit auf der Insel Sylt an. Neben einer bewegenden Liebesgeschichte gipfelt die Handlung in einer dramatischen Auseinandersetzung zwischen dem Kapitän eines gestrandeten Schiffes und dem Anführer einer Strandräuberbande. Der besonders tragische Akzent wird dadurch gesetzt, daß es sich bei den erbitterten Gegnern, die sich nicht erkennen, um den heimkehrenden Enkel und seinen räuberischen Großvater handelt. In der Dunkelheit erschlägt der Großvater, den erlittenes Unrecht auf den Weg der Gesetzlosigkeit getrieben hat, das eigene Enkelkind.

Leider hat Theodor Storm diese Skizze, die unter dem Titel *Sylter Novelle* aus dem Nachlaß herausgegeben wurde, nie zu einer wirklichen Novelle ausgearbeitet. Sie ist nur im Entwurf vorhanden. Innerhalb der Fragmente existieren lediglich einige Dialoge an Stellen, die Storm sicherlich am meisten am Herzen lagen.

Am Herzen lag ihm aber ganz sicherlich das Thema des Strand- und Seeraubs und die von den Einheimischen oft erbittert gehaßten willkürlichen Gesetze einer nicht anerkannten Obrigkeit, die sie ins Verbrechen führen konnten. Um eine authentische Arbeit darüber schreiben zu können, reiste Storm im August 1887 auf die Insel Sylt. Kaum ein Jahr später jedoch starb er – am 4. Juli 1888 – und hinterließ nur fünf Seiten des Entwurfs. Seine letzte Lebenszeit hatte er damit verbracht, den berühmten *Schimmelreiter* zu Ende zu bringen. So blieb die *Sylter Novelle* als skizzierte Idee zurück. Der Öffentlichkeit zugänglich gemacht wurde sie 1969 durch Professor Dr. Karl-Ernst Laage aus Husum, den Sekretär und wissenschaftlichen Leiter der Theodor-Storm-Gesellschaft. Durch ihn weiß man auch, daß ein Motiv für diese Novelle die Sage von den Seeräubern war, die am Weihnachtsabend 1713 in der Gegend westlich von Westerland und Rantum in dem *Dikjendäl, einem wilden Dünenthale*, Schiffbrüchige erschlugen und verscharrten. Wie oft mag Ähnliches brutale Realität gewesen sein? Oft töteten nämlich die Strandräuber ihre Opfer nicht aus Mordlust, sondern einfach, um die Spuren des Raubens zu löschen.

Wie aus Gesetzesvorlagen im Amtsarchiv zu Büsum hervorgeht, stand nämlich auf Diebstahl die Strafe des Erhängens –
wer sich hingegen für die Untat *eine Hure erschlagen* zu
verantworten hatte, der ging nach demselben Gesetz straffrei aus. So unglaubliche Dinge sind verbürgt, während
andere, nicht minder grausame in den Bereich der Sage
gehören.

Sage und Wirklichkeit – selten sind sie so miteinander ver-
woben gewesen wie in den hier behandelten Bereichen.

Aber wenden wir uns im folgenden wieder historisch
belegten Dingen zu.

KRIEG ZWISCHEN DEN HAMBURGERN UND BÜSUMERN

Piraterie im Hamburger Hafen und in der Elbemündung

Heutzutage scheint es ganz unglaublich, daß die Hamburger und die Büsumer einmal in blutiger Fehde miteinander gelegen haben – und das durch zwei Jahrzehnte hindurch.

Heute leben die großstädtischen Bewohner der alten Hansestadt und die Einwohner des Nordseeheilbades quasi in einer Art Symbiose. Die meisten Zweitwohnungen in Büsum sind von Hamburgern gekauft oder gemietet – und für die Büsumer ist Hamburg das Zentrum kulturellen Lebens, bietet ihnen die nördliche Metropole doch Oper, Theater oder internationales Konzerterlebnis.

Hamburger und Büsumer stehen ausgezeichnet miteinander und zueinander.

Das war in der Mitte des 15. Jahrhunderts ganz gewiß nicht so. Überliefert ist eine ganz einfache Geschichte, die mitten hineingehört in die gesamte Geschichte der Piraterie und den Seeräubern der Nordsee einen wahrhaft vernichtenden Ruf einträgt und die daraus resultierende Rache der Hamburger gerechtfertigt erscheinen läßt. Diese Geschichte berichtet von Büsumer Seeräubern, die brandschatzend und plündernd die Elbe hinauffuhren und mit unglaublich reicher Beute, die sie den Koggen der Hanse abgenommen

27

hatten, in ihr Heimatdorf auf die Insel Büsum zurückkehrten. Büsum war damals noch nicht angelandet, sondern existierte als Insel, deren mittlerer Teil darauf als Racheakt von den Hamburgern in Schutt und Asche gelegt wurde.

Diese Geschichte ist vielen als der einzige Anhaltspunkt aus dem damaligen kriegerischen Geschehen zwischen den Hanseaten und den Dithmarschern bekannt. Versucht man jedoch, die Hintergründe der Hamburg-Büsum-Fehde zu durchleuchten, so stellt sich alles doch recht viel komplizierter dar und zeigt sich nicht nur als mutwilliger Raubzug mit einer Brandstiftung als Vergeltungsmaßnahme. Im Grundsatz ging es um Privilegien, die der eine für sich beanspruchte und der andere ihm nicht gewähren wollte – wie so oft im Leben.

Es begann damit, daß die Hamburger für sich in Anspruch nahmen, ganz allein Getreide auf der Unterelbe verschiffen zu dürfen. Sie hatten auf Neuwerk einen Stützpunkt eingerichtet, von wo aus sie den Schiffsverkehr in der Elbemündung genau kontrollieren konnten.

Das aber ließen sich die Dithmarscher nicht gefallen. Sie rüsteten eine kleine Flotte und fuhren eine Attacke gegen den Kontrollpunkt Neuwerk, bei dem es Tote und Verletzte gab. Das war im Jahre 1431.

Diesen Angriff werteten die Hamburger als einen Eingriff in ihre Wegerechte, sannen augenblicklich auf Revanche und schickten 600 Kriegsmannen zu Wasser nach Büsum. Der Kapitän Marten Schwartekopp, der sie befehligte, wollte versuchen, seine Mission auf dem Weg der Verhandlung zu einem unblutigen Ende zu bringen. Einem Vorgänger von ihm war eine ähnliche Aktion im Jahre 1421 auf diplomatischem Weg schon geglückt, als es galt, eine von den Vitalienbrüdern geraubte Hamburger Bierfracht aus Dithmarschen in die Hansestadt zurückzubringen.

Marten Schwartekopp aber hatte kein Glück. Und das war Schuld seiner eigenen Mannen. Während er noch mitten in schleppenden Verhandlungen mit den Dithmarschern steckte – denn sicher ist es einfacher, ein *in realiter* vorhandenes Bierfaß zurückzubekommen, als sich ein eigenmächtig zudiktiertes Monopol zu erhalten –, begannen seine kriegerischen Matrosen einen Angriff ohne ihn. Eine Version lautete, sie hätten nur Langeweile gehabt. Eine andere spricht davon, sie hätten sich durch einen Raubzug bereichern wollen.

Auf jeden Fall hatten sie aber wohl nicht damit gerechnet, daß ihr Unternehmen ein grausam blutiges Ende nehmen würde. Als nämlich die Dithmarscher die plündernde Horde ankommen sahen, rotteten sie sich schnell zusammen und schlugen so gewaltig zurück, daß eine große Zahl der Hamburger Kriegsknechte auf der Strecke blieb. Auf der Strecke blieb auch der völlig schuldlose Marten Schwartekopp.

Von seinem Ende wird eine besonders traurige Geschichte erzählt – nämlich, daß die Dithmarscher ihn erschlugen, den Magen aus seinem Leib schnitten und ihn auf einen Spieß steckten – ob als abschreckendes Beispiel oder als eine Art *Skalp*, mag dahingestellt bleiben.

Diese grausame Tat soll Anspruch auf Glaubwürdigkeit besitzen. Jedenfalls weist die Chronik aus, daß man sich nach diesem schrecklichen Vorkommnis im Sinne des friedliebenden Kapitäns Marten Schwartekopp doch noch geeinigt habe.

Aber das bedeutete noch lange nicht endgültige Einigkeit zwischen Hamburgern und Dithmarschern. Was an vielen kleineren Übergriffen von beiden Seiten auf dem Meer und in der Unterelbe im Laufe der nächsten Jahre geschah, ist zu unexakt überliefert, als daß man es chronologisch verfolgen und als Tatsache offerieren könnte.

Aber die oben bereits erwähnte und noch heute hier an der Küste überall kursierende Geschichte von den räuberischen Büsumern, die bis in den Hamburger Hafen vordrangen und sich als Gegenstreich gefallen lassen mußten, daß man ihr *Middeldorp* in Asche legte, die ist verbürgt und geschah im Jahre 1434.

Hauptfigur in diesem Geschehen, das als Gaunerstück begann und als Drama endete, war ein Büsumer Einwohner mit Namen Radlef Karstens, der als tollkühner Raufbold bekannt war und nie etwas unversucht ließ, um seiner Streitsucht und seiner Lust an verwegenem Spiel die Zügel schießen zu lassen. Es war nicht schwer für ihn, ein paar gleichgesinnte, verwegene „Mitbürger" zu finden, die vor einer massiven Mordbrennerei nicht zurückschreckten. Und so machte sich diese verwegene Crew zu Schiff von Büsum nach Hamburg auf, strich unter Segel bis in die Mitte des Hafens und fiel dort über die dickbäuchigen Kauffahrteischiffe her. Die abenteuersuchenden Männer warfen Pechfackeln an Bord der ankernden Schiffe und weideten sich am lodernden Feuer und der sicheren Aussicht auf ausgebrannte Wracks. Aber bevor noch die Hamburger irgend etwas hätten unternehmen können, um die frechen Angreifer ihrerseits zu attackieren oder wenigstens eine Verfolgung in Gang zu setzen, hatte sich die wilde Horde schon wieder auf den Rückzug gemacht und nutzte die Verblüffung der überrumpelten Hanseaten und den frischen Wind von Süden zu einer raschen und gefahrlosen Heimreise.

Aber es erfolgte eben doch noch ein Gegenzug. Und das sehr bald im selben Jahr.

Was Radlef Karstens offenbar aus reiner Abenteuerlust und Zerstörungswut mit seinen Gesellen im Hamburger Hafen inszeniert hatte, sollte noch eine bittere Konsequenz für manchen Unschuldigen haben.

Für das, was Karstens seinerzeit in Szene setzte, haben wir heute das Wort *Vandalismus*. Und sowenig, wie die Randalierer unserer Tage über irgendwelche Folgen aus ihrem Tun nachdenken, sowenig dachte der Pirat früherer Jahrhunderte darüber nach, was sich aus seinem rowdyhaften Tun für Folgeerscheinungen ergeben könnten. Was sich damals ergab, ist historisches Faktum geworden: Das *Middeldorp* von Büsum – der damaligen Insel Busen – wurde vernichtet.

Diese Vernichtung wurde in Hamburg geplant und eingeleitet. Man schickte von dort aus eine Flottille mit genügend bewaffneten Matrosen in See. Die Büsumer waren auf solch einen Gegenangriff überhaupt nicht vorbereitet, und bevor die Dithmarscher von der Küste her zu Hilfe eilen konnten, war fast das gesamte *Middeldorp* schon zu einem Flammenmeer geworden. Die Bewohner, die genau wußten, daß sie dieser Übermacht nicht gewachsen waren, ergriffen, so gut sie noch konnten, die Flucht und versteckten sich auf den übrigen Teilen der Insel.

Das war die größte Niederlage, die die Büsumer im Krieg gegen die Hamburger einzustecken hatten. Die Übergriffe erklären sich nach Aussage der Historiker aus der Tatsache, daß die Dithmarscher bis zum Jahre 1447 nur eine *Geschlechterverfassung* hatten, die sie nicht unter ein gemeinsames wirksames Gesetz stellte und somit praktisch jedem erlaubte, sich so *frei* zu fühlen, wie er nur wollte, und nach eigenem Ermessen zu entscheiden und zu agieren.

Und wo die herrischen Dithmarscher sich zusammentaten, hatte es niemand leicht. Davon wußten die Grafen von Holstein und die Kirchenväter von Bremen und Hamburg ein Lied zu singen – und ganz besonders der Dänenkönig Johann, der genau im Jahre 1500 in der Schlacht bei Hemmingstedt von den Dithmarschern geschlagen wurde.

DIE ABENTEUERLICHE GESCHICHTE DES LETZTEN SEERÄUBERS

Mit einer spektakulären Hinrichtung auf dem Heider Markt

Aber hier soll nicht von Schlachten zu Lande, sondern von Raubzügen zu Wasser berichtet werden.

Das Schicksal eines Mannes verdient dabei besondere Erwähnung. Er war es, der räubernd und plündernd das Gesetz zu Wasser und zu Lande mit Füßen trat und der schließlich als der *letzte Seeräuber* in die Geschichte einging.

Es ist das an sich tragische Schicksal des Wiben Peter aus Meldorf, der, durch eigene Schuld zwar, aber um unglückseliger Umstände willen seinen Platz in der Reihe der berühmt-berüchtigten Dithmarscher Seeräuber fand.

An seiner Wiege war ihm das gewiß nicht gesungen worden. Er entstammte einer hochangesehenen Dithmarscher Familie und gehörte zu den Führern der Bauernrepublik. Es ist überliefert, daß er noch im Jahre 1531 aufgrund seiner militärischen Fähigkeiten das Dithmarscher Bauernheer gegen den Ort Brunsbüttel befehligte. Brunsbüttel hatte seinerzeit noch nicht seine jetzige Lage, sondern klebte mit seinen Deichen direkt am Prallhang der Elbe und nahm eine etwas zwittrige Stellung gegenüber den Dithmarschern ein.

Die nächste Jahreszahl, die in Wiben Peters Leben zum markanten Meilenstein wurde, ist genau ein Jahrzehnt später vermerkt. Es ist die Jahreszahl 1541 – aber zu diesem Zeitpunkt hatte sich die Situation gänzlich gewandelt. Aus dem Heerführer war ein Seeräuber und Mordbrenner geworden, der 1541 erstmals von seinen eigenen Landsleuten gestellt, gefangengenommen und schon damals um ein Haar an einen Baum gehängt wurde.

Wie es dazu kam und wie es nach dieser ersten Gefangennahme noch weiterging, ist eine sehr komplizierte Geschichte, die man wiederum dem Chronisten Neocorus in weiten Teilen abzunehmen hat. Ihn muß sie ganz stark angerührt haben, denn er berichtet darüber mit vielen Einzelheiten.

Aber auch anderweitig verbürgt ist zum Beispiel der Beginn dieser Geschichte: Danach machte der Meldorfer Bürger Bleß eine Erbschaft, von der sich bald herausstellte, daß sie nur über gerichtliche Entscheidungen anzutreten war. Das erschien dem Erben zu umständlich und auch zu kostspielig, und so war er froh, als Wiben Peter ihm diese Erbschaftsangelegenheit abnahm. Der verfügte sowohl über rhetorische Fähigkeiten als auch über Vermögen und glaubte sich sehr wohl in der Lage, einen solchen Prozeß zu seinen Gunsten durchzufechten.

Aber er sollte sich täuschen! Sein Anspruch wurde abgewiesen, und in seiner Empörung schwor er seinen Dithmarscher Landsleuten ewige Rache. Er soll mit dem Gesetzbuch in der Hand hoch zu Roß durch Meldorfs Straßen geprescht sein und seine Racheabsichten laut herausgeschrien haben.

Abgesehen von dieser persönlichen *Kriegserklärung* gegen sein Dithmarscher Land klagte er offiziell beim Reichskammergericht in Speyer.

Tatsächlich ist erwiesen, daß Wiben Peter selbst nach Speyer gereist ist, von Kaiser Karl V. empfangen wurde und den Dithmarschern eine kaiserliche Aufforderung mit nach

Hause brachte, in der ihm Schadenersatz zugesprochen wurde.

Vorher aber war er schon außer Landes gegangen, hatte von dort aus mit einer Handvoll Getreuer Raubzüge und Piratenfahrten organisiert und war zum Landesfeind erklärt worden. Zusätzlich hatte er den Zorn der Dithmarscher geschürt, weil er beim Grafen von Holstein und beim Dänenkönig Christian III. um Hilfe gegen seine Landsleute gebeten hatte.

Als es dann im bereits erwähnten Jahr 1541 den Dithmarschern gelang, Wiben Peter auf seinem Weg zur Ostseeküste zu überwältigen und zu ihrem Gefangenen zu machen, war das eben doch noch lange nicht sein Ende. Nach einem komplizierten gerichtlichen Verfahren, in welches auch das *Rendsburger Blutgericht* eingeschaltet war, wurde er tatsächlich wieder auf freien Fuß gesetzt – und konnte seinen Privatkrieg gegen die Dithmarscher weiterführen.

Wiben Peter muß ein höchst eindrucksvoller Mann gewesen sein. Der Chronist schildert ihn als sehr stattliche Erscheinung mit einem so langen blonden Bart, daß der Träger bequem einen Knoten hineinschlingen konnte. Ob nun bei seinem schon erwähnten Besuch beim Kaiser zu Speyer allein das imposante Auftreten Wiben Peters entscheidend war oder ob Kaiser Karl den nicht gerade als *Kaiser-Fans* geltenden Dithmarschern ohnehin nicht sehr wohlgesonnen war, ist nicht geklärt – zumindest stellte er sich aber auf die Seite dieses streitbaren Individuums und befahl den Führern der Bauernrepublik, ihm Schadenersatz zu leisten.

Wer nun allerdings annimmt, die Dithmarscher hätten sich das gefallen lassen, der täuscht sich natürlich. Hatte ihr weltlicher Souverän sich gegen sie gestellt, so wandten sie sich jetzt an den geistlichen: nämlich den Erzbischof von

Bremen. Und gleichzeitig klagten sie ihren Landesfeind noch einmal ganz offiziell wegen seiner gegen jedes Gesetz verstoßenden Überfälle an.

Das nahm Wiben Peter zum Anlaß, eine regelrechte Seeräuberbande zu gründen, eigene Schiffe auszurüsten und sich nach Helgoland abzusetzen. Er änderte zu dieser Zeit auch seinen Namen und nannte sich von nun an *Hans Pommering* (oder *Pommerenke*), der mit seinen Spießgesellen die Handelsschiffe auf der Nordsee attackierte und plünderte. Bekannt ist auch, daß er ein ganzes Dorf bei Brunsbüttel einäscherte – und wenn man dem Chronisten Glauben schenkt, dann warf er zwischendurch vor der Küste immer wieder einmal Anker, ging an Land und zündete den Bauern ihre Höfe an oder raubte das Vieh aus den Ställen.

Das ging so fort bis zum Jahre 1545.

Da landete ein Schiffer aus Emden im Büsumer Hafen, der erzählte, wie die Peter-Bande ihn auf dem Meer beraubt und sich danach wieder in ihr festes Quartier auf der Insel Helgoland zurückgezogen habe. Helgoland war zu jener Zeit nur ganz schwach besiedelt, keiner kümmerte sich um den anderen, und zudem war die Insel kaum verwaltet und schon von daher das ideale Versteck für notorische Gesetzesbrecher.

Nun beschlossen die Dithmarscher, zum entscheidenden Schlag auszuholen und ihren Landesfeind zur Strecke zu bringen.

Die Chronik erzählt von drei Männern mit Führungsqualitäten – einer kam aus Wöhrden, einer aus Wesselburen und einer aus Süderdeich –, die eine Art Hundertschaft zusammenstellten und die bewaffneten Männer als Besatzung auf zwei Schiffe verteilten. Von Büsum aus stieß man unter dem Oberbefehl eines gewissen Claus Suwel in See mit Kurs auf Helgoland.

Claus Suwel wußte, daß er in der Übermacht war. Daß Fortuna es am Angriffstag noch ganz besonders gut mit ihm meinen sollte, wußte er noch nicht: Gerade an diesem Tag nämlich hatte Wiben Peter seine Crew an Land geschickt, um sich mit neuen Vorräten einzudecken. Er war ganz allein mit seinem getreuen Bruder Hans und zweien seiner Männer, als die beiden Dithmarscher Schiffe anlegten. Zuerst mag er noch gedacht haben, es handle sich um einfache Frachtschiffe – denn als solche waren sie getarnt. Aber als dann an die hundert bewaffnete Männer den so harmlos aussehenden Schiffsleibern entstiegen, wußte er, daß seine Stunde geschlagen hatte.

Und wie so viele Seeräuber vor ihm strich er jetzt die Segel und zeigte sich feige. Wie vor ihm Klaus Störtebeker wollte er in dieser Bedrängnis versuchen, auf der Basis von Verhandlungen und mit Hilfe von Versprechungen seine Haut zu retten. Er ließ sich sogar in ungeahnter Unterwürfigkeit dazu herab, den Pastor von Helgoland als Bittsteller für sich zu den Dithmarschern zu schicken.

Die aber waren es leid. Und obwohl sie wissen mußten, daß ein Kampf auf der Insel Helgoland, die dem Herzog von Holstein-Gottorp zugehörte, ein absolut unbotmäßiges Unterfangen war, schlugen sie zu.

Nachdem Peter Wiben in wirklicher Todesfurcht mit seinen drei Getreuen die Inselkirche auf dem Helgoländer Oberland – etwa fünfzig Meter hoch über dem Meer – zu seiner Festung gemacht hatte, stürmten die wütenden Dithmarscher das Gotteshaus. Solange Helgoland von Menschen besiedelt war, hatte die Insel in ihrer beherrschenden Lage vor der Elbe- und Wesermündung eine Bedeutung als wehrhafte Befestigung und auch eine religiöse Bedeutung gehabt. So standen seinerzeit auch auf der Friedhofsmauer, die sich etwa dort befand, wo um die Jahrtausendwende der Sitz

36

eines germanischen Heiligtums gewesen sein soll, vier kleine Kanonen. Die schossen Wiben Peter und seine Männer in aller Hast ab. Aber bevor sie unter den anstürmenden Dithmarschern auch nur wirklichen Schaden hätten anrichten oder die Wutentbrannten gar hätten vertreiben können, war die Munition verpulvert, und nur in letzter Minute konnten sich die Seeräuber im Kirchturm durch die oberste Luke in der Turmspitze verkriechen und die Öffnung verbarrikadieren. Aber auch das nützte ihnen nichts. Die Angreifer schossen durch die hölzerne Falltür und trafen so gut, daß sie wenig später ungehindert eindringen konnten. Die Schüsse hatten Peter so zielgerecht getroffen, daß seine Feinde nur noch den toten Körper nach Dithmarschen zurückbringen konnten.

So makaber es klingt: Aber ihre Rachsucht war damit noch nicht befriedigt. Auf dem Heider Marktplatz wurde über den verhaßten Landesfeind die übliche Strafe – nämlich die Todesstrafe – verhängt. Das hieß in der Praxis: Man schlug der Leiche mit dem Henkersschwert den Kopf ab.

Wiben Peters drei Spießgesellen, die als einzige in seiner Todesstunde bei ihm waren, kamen ebenfalls nicht mit dem Leben davon. Die übrigen, die zu dem Zeitpunkt gerade auf dem Festland gewesen waren – in der Überlieferung schwankt ihre Zahl –, hörten wahrscheinlich von dem Überfall und zogen es vor unterzutauchen.

Wiben Peters Geschichte bleibt ein bemerkenswertes Beispiel dafür, daß man Unrecht, das man möglicherweise wirklich selbst erlitten hat, niemals dadurch tilgt, daß man sich selbst ins Unrecht setzt.

Das mußten zu guter Letzt dann auch noch die Dithmarscher erfahren, die dem Herzog Adolf von Holstein ein Bußgeld zahlen mußten, weil sie mit ihrem Angriff sich des Landfriedensbruchs schuldig gemacht hatten.

AN DER GRENZE ZWISCHEN FREIBEUTEREI UND HELDENTUM

Aufgezeichnet am Beispiel eines Freiheitsfanatikers

Während Wiben Peter sich in den letzten Jahren seines Lebens eindeutig ins Unrecht setzte und sein Ende als Verbrecher fand, ist das Schicksal eines anderen Mannes, dessen Handeln ebenfalls durch Gesetzesübertretungen geprägt war, bis auf den heutigen Tag durch eine Gloriole gekennzeichnet.

Es ist der Sylter Pidder Lüng, der nicht nur von seinen Landsleuten als Freiheitsheld verherrlicht wurde, sondern auch noch von dem Dichter Detlev von Liliencron als Hauptfigur einer Ballade ein Denkmal gesetzt bekam – so daß über Generationen praktisch jedes Schulkind die Geschichte von dem Mann kennenlernte, der sich nicht knechten ließ, sondern mit den hier an der Küste wahrhaft geflügelten Worten *Lever dood as Slav* in den Tod ging.

Wie aber sah es mit Pidder Lüng, dem Idol für Freiheit und Unabhängigkeit, der lieber tot als ein Sklave sein wollte, in Wahrheit aus? Wieder einmal sind wir an einem Punkt angelangt, wo es gilt, sorgfältig subjektiv-willkürliche, pointierte Dichtung zu trennen von Fakten – oder zumindest von dem, was nüchtern überliefert und zum Teil auch wirklich noch nachweisbar ist.

Auf jeden Fall war Pidder Lüng nicht nur freiheitslieben-
der Fischer, sondern auch ein Seeräuber – und letztlich sogar
ein Mörder.

Exakte Jahreszahlen gibt es aus dem Leben des Pidder
Lüng nicht, obwohl sich mancher darum bemüht hat, seinen
Weg auch anhand von Daten zurückzuverfolgen. Die glaub-
haftesten Angaben entstammen sicher den Aufzeichnungen
von Reimer Kay Holander vom *Nordfriisk Instituut* in
Bredstedt. Holander vertritt die Ansicht, daß Pidder Lüng
frühestens in der ersten Hälfte des Jahres 1437 geboren sein
könne, und begründet es auch.

Es ist überliefert, daß das Dorf Rantum auf Sylt am 1.
November des Jahres 1436 bei der sogenannten *Allerheili-
genflut* völlig zerstört wurde. Zur Zeit der Überflutung des
kleinen Fischerdorfes waren alle Familienväter draußen auf
See. Der Fischfang war ihr Beruf – hielt sie auch bei Sturm
oft draußen, während die Frauen mit den Kindern und den
Großeltern zu Hause blieben. An diesem Tag nun geschah
etwas Unerwartetes! Draußen auf See überlebten mehrere
der Männer den gewaltigen Orkan – aber in dem Dorf
Rantum blieb nur ein einziger Mensch verschont: die Frau
des Jacob Lüng, die die Mutter des Pidder Lüng wurde.

Die überlebenden Fischer, die nun keine Heimat mehr
hatten, nahmen die einzig am Leben gebliebene junge Frau
mit sich und siedelten sich an der äußersten Spitze von Sylt,
in Hörnum, an.

Und erst hier in Hörnum, so folgert Holander, könne
Pidder Lüng geboren sein, denn in Rantum ertranken alle
Kinder mit ihren Müttern.

Es gibt jedoch keinerlei Kirchenbücher, mit deren Hilfe
man sich datenmäßig festlegen könnte. Das Buch, in dem die
Heirat des Ehepaares Jacob Lüng vermerkt sein muß, ver-
sank mit dem Dorf Rantum in den Fluten. Und in Hörnum

wird es zu der Zeit, als der kleine Pidder Lüng geboren wurde, weder eine Kirche noch einen Pfarrer, der Kirchenbucheintragungen vornahm, gegeben haben.

Aber für die Geschichte, die diesen Mann berühmt machte und die Detlev von Liliencron in seiner eindrucksvollen Ballade verarbeitete, ist sein Geburtstag auch nicht wichtig.

Es wird von ihm erzählt, daß er keine Steuern an den dänischen König zahlen wollte, dem zu der Zeit die friesischen Inseln unterstanden. Seine Eltern hatten in Rantum alles, was sie besaßen, verloren und ihm nichts hinterlassen. Jetzt hatte er eine eigene Familie, mühte sich hart als Fischer und betrachtete sich als versklavt, wenn er an eine Obrigkeit Abträge leisten sollte, die er nicht anerkannte. Pidder Lüng wollte ein freier Friese sein. Und dazu gehörte für ihn die Aberkennung sämtlicher Rechte, die der Dänenkönig geltend machte – und auch der Raubzug auf der freien See.

Der königliche Vogt von Tondern erfuhr von Lüngs Weigerung und seiner anmaßend freiheitlichen Gesinnung und schickte seinen Sohn in die ärmliche Hütte der Fischerfamilie.

Als der arrogante Königsuntertan auftrat, saßen Eltern und Kinder gerade um den Tisch, in dessen Mitte ein großer Topf mit dampfender Grütze stand. Es kam zu einem erregten Wortwechsel zwischen Pidder Lüng und dem Sohn des Vogts – und am Ende spuckte der Diener des dänischen Souveräns voll Wut, und um seine Verachtung zu bekunden, in den Grütztopf.

Da griff der verhöhnte Fischer nach dem Hals seines Gegners und drückte dessen Kopf so lange in den heißen Brei, bis der Mann erstickt war.

So ist die Geschichte überliefert.

„Lieber tot als Sklave" – dies Wort auf Friesisch hat

Pidder Lüng seinem Feind entgegengeschrien – und mit diesem Wahlspruch ist er nach seiner Tat geflohen.

Er hatte schon vorher Raubfahrten zu See unternommen und wohl auch an Strandgut einiges auf seine Seite gebracht, das auf rechtliche Weise nicht in seinen Besitz gelangt wäre. Man weiß das alles nicht so genau und muß auch davon ausgehen, daß seinerzeit über Recht und Unrecht andere Meinungen vertreten wurden als heute und daß der Begriff *Freiheit* unter einem anderen Aspekt stand, als es unsere Definition zuläßt.

Aber auch heute noch sieht man in Pidder Lüng eher einen Volkshelden als einen Kriminellen – und läßt es zu, daß vieles von dem, was er tat, in Dunkel gehüllt bleibt.

Es scheint aber doch verbürgt, daß er nach seiner Untat Waffenschmuggel von Helgoland nach Hörnum betrieben hat, um mit einer Schar Getreuer gegen die Dänen als die Bedrücker der stolzen Friesen entschiedener antreten zu können.

Er wurde von seinen Landsleuten vergöttert, aber schließlich fand er doch ein klägliches Ende. Er soll einem Verrat zum Opfer gefallen sein. Wie sein gewaltsamer Tod aber ausgesehen hat, ist bis heute nicht ermittelt worden. Manche sagen, er sei gehenkt worden. Eine andere Version spricht von einer Hinrichtung durch das Schwert. Und wieder andere behaupten, er sei heimtückisch ermordet worden.

„HERR, SEGNE UNSEREN STRAND . . ."

Vom frühen Strandrecht bis zur Einrichtung der ,Gesellschaft zur Rettung Schiffbrüchiger'

Nicht alles, was zu diesen Zeiten an Unseligkeit an der Nordseeküste geschah, war von Grund auf gesetzlos oder wurde mit räuberischer Gewalt verübt. Oftmals führten wirklich Angst und Unterdrückung in Verbrechen und Verderben und zu hartherzig anmutender Denkweise.

Es gab wohl keinen Küstenbewohner in jenen hier beschriebenen Jahrhunderten, der nicht das Wort kannte: *„Herr, segne unseren Strand –"* und es inbrünstig betete. Denn eine *Erhörung* dieses Gebetes bedeutete oftmals für die armen Menschen eine Bereicherung ihres kargen Lebens. Das *Strandrecht* nämlich billigte ihnen zu, jeden Fund, der ihnen am Strand in die Hände fiel – und der natürlich von untergegangenen Schiffen stammte –, für sich persönlich zu behalten. Bis in unsere Zeit hat sich dies vermeintliche *Recht* gehalten, und so mancher Küstenbewohner oder Spaziergänger am Strand betrachtet als sein Eigentum, was er zufällig vom Meer angeschwemmt findet.

Heute ist das alles unwesentlich und bedeutungslos geworden. In früheren Jahrhunderten aber spielte das *Strandrecht* eine so gewaltige Rolle, daß es zu einer ganz besonderen Art von Gesetzlosigkeit und Verbrechen führte

– bis schließlich nach so mancher Katastrophe rechtlich denkende Menschen dem allen ein Ende setzten. Und aus den Einsichten eben dieser Menschen entstand die Einrichtung der *Gesellschaft zur Rettung Schiffbrüchiger*.

Aber bis dahin war es ein weiter Weg – auch wenn nachgewiesen werden kann, daß bereits im Jahre 1283 ein Gesetz erlassen wurde, das alle Güter eines gestrandeten Schiffes so lange schützte, wie auch nur ein Mann der Besatzung noch am Leben war.

Aber gerade dieses Gesetz machte eigentlich alles nur noch schlimmer.

Wozu sollte man abwarten, bis die Schiffsladung an Land gespült wurde und wirklich feststand, daß die ganze Mannschaft ertrunken war? Die Küstenbewohner hatten oft wendige, kleine Boote, und sobald sie ein Frachtschiff als Wrack gesichtet hatten, ruderten sie hinaus und plünderten, was sie noch an Bord fanden – nachdem sie vorher erschlagen hatten, was die Schiffskatastrophe überlebt hatte.

Meistens war einer solchen Tat natürlich eine Unwetterkatastrophe vorausgegangen. Die Schiffe wurden Opfer einer Sturmflut. Das bedeutete, daß Strandgüter rar wurden in Schönwetterperioden. Und das wiederum führte zu einer weiteren Art von verbrecherischem Tun.

Es waren nämlich letztendlich nicht nur die wirklich armen Küstenbewohner, die nach ausgebliebenen Heringsschwärmen, kargem Krabbenfang oder auch einer Mißernte um Strandgut flehten. Nein, auch die hohe Obrigkeit – selbst wenn sie sakrale Positionen innehatte – gelüstete es nach den reichen Gütern, die von gekenterten Kauffahrteischiffen ins Meer fielen und an Land spülten. Die Bischöfe von Bremen zum Beispiel, die das Land Dithmarschen schon 1062 von Kaiser Heinrich IV. als Lehen erhielten, setzten über Jahrhunderte Strandvögte ein und verlangten von ihnen hohe Anteile des Strandgutes. Und das unabhängig vom Wetter!

Was sollten die Ärmsten nun aber in einer Zeit ohne Sturm und Unwetter tun? Sie verfielen in ihrer Not auf eine böse Lösung. Wenn die Abgaben fällig wurden, stellten sie sich als Wegelagerer an den Durchfahrtsstraßen auf und überfielen die Wagen von Kaufleuten, nahmen ihnen ihre Waren ab und sandten sie dem Bremer Bischof.

Autoren wie Karl Waller, Erich Lüth und Heinz Stoob haben sich vor Jahrzehnten mit diesen sehr fragwürdigen Machenschaften beschäftigt und fundiert darüber berichtet, wie Herzöge und Könige in diese unsauberen Taten verwickelt wurden, zum Teil ernsthaft nach Abhilfe suchten und doch mit trockenem Gesetz gegen die brutale Wirklichkeit nicht ankamen. Es ist verbürgt, daß sogar der Papst von geschädigten Kaufherren dringlich gebeten wurde, seine habgierigen Bischöfe zu zügeln, die sich oft recht zwielichtige Dinge ausdachten, um Profit zu machen.

Auch die armen Küstenbewohner hatten schon von alters her so manchen bösen Einfall, wenn es ihnen darum ging, in ihr dürftiges Dasein ein bißchen mehr Qualität einfließen zu lassen. Wie oft ist es in jenen Zeiten geschehen, daß Frachtschiffe die Fahrrinne verfehlten, weil findige Küstenbewohner während der Nacht ein paar Blinkfeuer, die den Weg weisen sollten, einfach versetzten. Dann steuerte das Schiff garantiert auf den nächsten Sand und kam nicht mehr frei. Oder die richtungweisenden Feuer wurden ganz gelöscht. Das war so einfach und ließ die fremden Frachter heillos auf den Mahlsand auflaufen, den die Wellen oft nur meterhoch verdeckten. Insbesondere bei unruhiger See wurde dem Schiff dann rasch so großer Schaden zugefügt, daß es aus eigener Kraft nicht mehr flottzumachen war.

Und die wendigen, kleinen Kutter, die dann vom Strand

her zielsicher auf das Opfer zuruderten, eilten bestimmt nicht zu Hilfe. Meistens waren sie sogar bewaffnet und scheuten sich nicht, die ganze Mannschaft zu töten, um ungehindert mit ihrer Beute zu entkommen.

Und solche Untaten geschahen nicht nur bei Nacht. Die findigen Strandräuber vertauschten auch die Tonnen auf See in einer Weise, daß die Schiffskiele unabdingbar an der Fahrrinne vorbeigingen und sich daneben in einen Sand bohrten.

Was uns heute unglaublich grausam erscheint, wurde damals von vielen Küstenbewohnern nicht einmal als Verbrechen empfunden. Für sie waren die Matrosen und das Schiffsgut wie die Fische im Meer, denen man nachstellte. Wer *ins Netz ging*, war selber schuld.

Daß solche barbarische Einstellung auf die Dauer nicht tragbar war, hatte sich in schwächerer Form schon nach der Ausbreitung des Christentums gezeigt. Da aber bekannt wurde, daß auch die hohen geistlichen Herren keineswegs makellose Westen hatten, sondern ihrerseits oft Habgier vor christliches Handeln setzten, sah der *kleine Mann* nicht ein, weshalb er einer altruistischen Denkweise Raum geben und auf eigenes Beutemachen verzichten sollte.

Und so dauerte es bis zum Jahre 1865 – dem Jahr der großen Umkehr, in dem die *Gesellschaft zur Rettung Schiffbrüchiger* von einer Handvoll uneigennützig denkender Männer gegründet wurde und aus dem zweifelhaften Gebet *Herr, segne unseren Strand* die Bitte wurde: *„Herr, segne das Rettungswerk. "*

Dieses Rettungswerk ist auf der Basis der Freiwilligkeit entstanden. Und so ist es bis heute geblieben. Alle Männer, die seit der Gründung im Dienst für andere hier gewirkt haben, taten es freiwillig. Niemals sind staatliche oder öffentliche Zuschüsse gezahlt worden. Finanziert wird das gesamte Rettungswerk durch freiwillige Mitgliedsbeiträge und Spenden. Dieser Gedanke der Freiwilligkeit wurde von den Wegbereitern der Gesellschaft als wesentliches Element der Idee hervorgehoben, und dieser Tradition fühlt sich jeder, der dazugehört, nach wie vor verpflichtet.

Und allmählich dachten die Menschen an der Küste um. Immer intensiver wurde das Bestreben zu helfen – das Rettungswerk wurde zum Segen vieler, die auf See verunglückten. Es war *gesegnet*, wie sich schon bald herausstellte – und sicher nicht nur, weil Gott der neuen Bitte Gehör gab, sondern weil Menschen sich selbstlos für andere einzusetzen bereit waren.

So waren Tausende von Rettungseinsätzen im Verlauf der Jahre wahrhaft *gesegnet*. Früher wurden gekenterte Segelschiffe und ihre Frachten gesichert und ihre Mannschaft geborgen. Heute verfügt die Gesellschaft über technisch vollkommene Seenotkreuzer, und ihre Aufgaben sind immer vielfältiger geworden. Da gibt es Berichte über dramatische Rettungen nach Kollisionen in pottdickem Nebel und über Löscheinsätze auf brennenden Frachtern. Man hört vom Abbergen verlorener Fischer aus einer Rettungsinsel bei orkanartigem Sturm oder auch von der Rettung in letzter Minute, als zwei Schulkinder, die gerade stolze Segelscheininhaber geworden waren, letztlich noch mit dem Schrecken davonkamen. Überall erfolgreiche Rettungsaktionen – überall Menschen, die ohne die Rettungsmänner ihr Leben verloren hätten ...

Aber es gab auch Einsätze, wo jede Hilfe zu spät kam – wo dann auch die Retter im dramatischen Kampf mit Sturm und Meer ihr Leben lassen mußten.

Die schwerste Katastrophe aus unseren Tagen war der Untergang des modernen unsinkbaren Seenotrettungskreuzers *Adolph Bermpohl*, der am 23. Februar 1967 bei schwerem Sturm während einer Rettungsaktion verlorenging. Der Kreuzer wurde tags darauf im offenen Meer gefunden – seine Mannschaft aber blieb spurlos verschwunden.

Wie so viele schwerwiegende, mysteriöse Vorfälle an der Küste hat auch dieses dramatische Rätsel die Gemüter tief bewegt und den friesischen Schriftsteller Boy Lornsen dazu veranlaßt, das ganze Ereignis mit Emotion und Ratio so zu rekonstruieren, wie es hätte sein können.

Wenn sich später einmal auch in diesem Fall die Grenzen zwischen Tatsache und Erzählung vielleicht verwischt haben, werden nachfolgende Generationen vor das Problem gestellt sein, das eine vom anderen zu trennen und zu erkennen, daß das Meer und seine verhüllende Weite ganz einzigartige Ereignisse schaffen, andere Perspektiven zeigen, für eine besondere Denkweise sorgen und Maßstäbe setzen, die anderswo nicht haltbar sind.

Das bleibt nicht auf das Mittelalter beschränkt, sondern hat sich über die Jahrhunderte hinweg ganz besonders in Schrecksituationen und Notzeiten erhalten.

Eine Seeschlacht vor Büsum

*Vor dem Hintergrund des Schmuggels der
Dithmarscher mit den Engländern in der
Nordsee und auf Helgoland*

Zu Notzeiten gehören ganz gewiß Kriegszeiten. Und in Kriegsgeschehen waren auch die Nordseeküstenbewohner immer wieder verstrickt.

Und das manchmal gezwungenermaßen und ohne das geringste Interesse am Ausgang des Krieges. Was sich dabei an Straftaten auf dem Wasser abspielte, entzieht sich in vielem wieder der exakten Kenntnis und ist so zwielichtig und oft widersprüchlich, daß es schwer wird, einen roten Faden durch dies Labyrinth von inkorrektem Verhalten, von Schleichhandel und gewinnsüchtigen Machenschaften und sogar gesetzeswidrigem Transport von Menschen zu finden. Aber zumindest kann man, was in den ersten Jahren des 19. Jahrhunderts an unlauteren Geschäften getätigt wurde und an Histörchen überliefert ist, vor einem sehr interessanten und in allen seinen Komplikationen bekannten geschichtlichen Hintergrund aufknüpfen.

Die einzige vor Dithmarschens Küste ausgetragene Seeschlacht – am 3. September 1813 vor Büsum geschlagen – gehört mitten in die Befreiungskriege der europäischen Völker gegen Napoleon.

Daß in diesem Fall die Dithmarscher auf französischer Seite gegen die Engländer kämpfen mußten, paßte ihnen gar nicht, war ihnen aber aufgezwungen, weil sie unter dänischer Herrschaft standen und die Dänen Verbündete des Franzosen-Herrschers waren.

Daß es ihnen nicht paßte, hatte einen sehr plausiblen Grund – und ist wieder ein neues Kapitel in der langen Serie der gesetzlosen Taten auf der Nordsee. Und wieder geht es um Raub und diesmal auch um Schmuggel.

Nachdem Napoleon in der Doppelschlacht bei Jena und Auerstedt am 14. Oktober 1806 die Preußen völlig besiegt hatte, verfügte der siegreiche Korse von Berlin aus im November die Kontinentalsperre gegen England. Das bedeutete de facto, daß französische Truppen einfach das linke Elbufer und die südliche Nordseeküste besetzten, damit englische Waren nicht mehr angelandet und gehandelt werden konnten. Die Dänen, denen die Engländer die Seemacht abgenommen und die sich deshalb mit den Franzosen verbündet hatten, wurden von ihren französischen Bundesgenossen nach Dithmarschen abgeordnet, um mit ihnen zusammen die Küste und das Meer gegen die Engländer abzusichern.

Die Dithmarscher aber hatten inzwischen ganz andere Interessen entwickelt.

Als Folge der Kontinentalsperre und der englischen Elbblockade hatten die Frachtschiffe nicht mehr direkt Hamburg angelaufen, sondern landeten in Tönning. Und daraus entwickelte sich für die Nordseeküstler ein äußerst einträglicher Job. Man heuerte sie nämlich mit ihren kleinen Segelbooten an, um die Güter zur weiteren Verteilung zu bringen. Dafür bekamen sie nicht nur mehr Geld ausgezahlt, als sie jemals vorher gehabt hatten – es brachte viele auch auf die Idee, von den Waren einfach unbemerkt etliches für sich zu behalten und auf unredliche Weise zu *verschieben*.

Aber: *Unrecht Gut gedeihet nicht*, heißt es. Und das

bewahrheitete sich auch für die Friesen und Dithmarscher. Viel zu oft zu harter Arbeit getrieben und meistens in Armut, genossen sie es jetzt, auf bequeme Weise Geld zu scheffeln und sich ungestraft mit fremden Gütern zu segnen. Aber gerade das machte sie nun träge und nachlässig und ließ sie verwahrlosen.

In dem Buch von Marten/Mäckelmann über *Dithmarschen*, das bereits 1927 in der Westholsteinischen Verlagsanstalt in Heide erschien, werden diese Betrügereien beschrieben und angeprangert, und von den Dithmarscher Fischern, die sich mit ihren Booten zu Frachtfahrten zur Verfügung stellten, wird gesagt, daß ihnen von Anbeginn dafür *der gesunde Untergrund ehrlicher Arbeit* gefehlt habe. In der Chronik von Hanssen und Wolf heißt es sogar, daß sich eine sittliche Verwahrlosung innerhalb der Bevölkerung ausbreitete und sie beschreibt das alles mit den Worten: *sie ließ manchen fremdes Eigentum nicht mehr heilig halten, und Trägheit und Sittenlosigkeit griffen um sich, Wirtshäuser schienen auf der Straße wie Pilze aus der Erde zu wachsen und jeder wollte verdienen, ohne zu arbeiten.*

Verdienen, ohne zu arbeiten – das ist doch wohl zu allen Zeiten zu verlockend gewesen. Und wo immer man eine Möglichkeit dazu sah, wurde sie ergriffen. Auch auf der Insel Helgoland blühte zu jener Zeit der Schleichhandel und machte viele, ohne daß sie dafür arbeiten mußten, zu reichen Leuten. Auch die Dithmarscher waren in diese Helgoländer Affären sehr eifrig verwickelt.

Der historische Hintergrund war folgender: Bereits 1807 hatten die Engländer den Dänen quasi mit einem *Husarenstreich* die Insel Helgoland abgenommen, und sie hielten sie besetzt, obwohl die Dänen sie ihnen erst sieben Jahre später abtraten. In diesen sieben Jahren ging es den Inselbewohnern zuerst sehr schlecht und dann gut wie nie. Und das verdankten sie einem vorher noch nie in diesem Umfang dagewesenen Schleichhandel.

Elend erwuchs ihnen zunächst aus dem Umstand, daß sie als *englische Kolonie* die Franzosen zum Feind hatten und weder dem Fischfang noch dem Fischhandel in gewohnter Weise nachgehen konnten.

Ihre Glückssträhne begann, als die Briten sich entschlossen, die ganze Insel zu einem einzigen riesigen Warenlager zu machen. Und außerdem wurde das Zentrum des *Secret Service* – des damals schon bestehenden Britischen Geheimdienstes – auf Helgoland eingerichtet. Das bedeutete, man brauchte von britischer Seite sehr viel Raum.

Es ist sicher nicht schwer, sich vorzustellen, mit welcher Bereitwilligkeit die Insulaner Stall und Schuppen, aber auch Haus und Hof zur Verfügung stellten, um dafür Mengen von begehrten Louisdoren einzuheimsen. Der Inseldoktor soll berichtet haben, daß er, um zu einem an Diphtherie erkrankten Kind zu gelangen, über eine Hühnerstiege ins *Hühnerloch* klettern mußte. Alle Räume im Haus waren vermietet.

So wurde aus der roten Felseninsel *Klein-London* – nicht nur als riesiges Warenlager, sondern auch als *Umschlagplatz* für Menschen, die für die kleinste freie Ecke oder das winzigste Zimmerchen hohe Mieten zahlten. Jede Übernachtung eines Fremden soll seinerzeit für einen Helgoländer ein Goldstück gebracht haben. Und das war eine Menge Geld.

Und dann erst ihre abenteuerlichen und recht dubiosen Nacht- und Nebelfahrten zum Festland! Für eine Schmuggelfahrt nach Neuwerk sollen mindestens 20 Louisdore gezahlt worden sein. Und man darf nun beileibe nicht glauben, die Inselleute und Küstenbewohner hatten nur die auf der Insel gelagerten und auf dem Festland so begehrten englischen Waren auf unredliche Weise verfrachtet. Nein, oft bestand der wertvollste Teil ihrer Schiffsladung aus Emigranten, Spionen oder Geheimagenten, die nach Hamburg wollten oder sollten. Und wenn man auch nicht gerade von *Menschenhandel an der Nordsee* sprechen konnte, so wurde doch in florierender Weise ein illegaler Transport betrieben, bei dem eine Gruppe von Menschen die transportierten Objekte waren, während eine andere Gruppe daran verdiente.

So war also die Situation an der Küste und auf der Insel Helgoland, als das Fischerdorf Büsum am 3. September 1813, vormittags um 11 Uhr, von zehn englischen Kanonenbooten und vier Barkassen angegriffen wurde. Dies als nackte Tatsache berichten Dithmarscher Geschichtsbücher in nur kurzen Absätzen, aus denen hervorgeht, daß es dem dänischen Leutnant Klauman gelang, die Engländer unter bedeutenden Verlusten in die Flucht zu schlagen. In Büsum selbst war eine aus Dithmarschern bestehende Küstenmiliz zusammengerufen worden, die nach der Schlacht auf dem Wasser von den Dänen angegriffen wurde, weil ein Dithmarscher Posten dieser Miliz wegen eines Mißverständnisses den Leutnant beleidigt haben soll.

Das hört sich sehr mysteriös an: Was war das wohl für ein Mißverständnis, das den dänischen Leutnant veranlaßte, seine eigenen Bundesgenossen anzugreifen?

Wer diesen Vorfall nun vor dem eben beschriebenen Hintergrund betrachtet, wird das alles schon ein bißchen besser verstehen. Die Dithmarscher fürchteten um ihren blühenden Handel, wollten ihre verbotenen Früchte in aller Heimlichkeit weiter ernten und nicht in einen Krieg mit ihren Schleichhandelspartnern getrieben werden. Deshalb haßten sie die Dänen und ließen nichts unversucht, sie das auch spüren zu lassen Die Dänen fühlten sich dadurch natürlich provoziert und wehrten sich, wenn es ihnen zu bunt wurde. Die Macht hatten ja sie.

Ob sie gewußt haben, daß Büsum zu den Orten gehörte, die zu lebhaften Umschlagplätzen für Schmuggelware geworden waren, ist nicht nachweisbar. Es soll aber so mancher Büsumer bei Schlachtbeginn in Panik geraten sein wegen der Schmuggelware, die sich in seinem Besitz befand und die eiligst in Sicherheit gebracht werden mußte – weil der Ausgang der Sache ja absolut ungewiß war.

Darüber berichten die Geschichtsbücher nicht. Es ist aber authentisch und heute für jeden nachlesbar, der sich die Mühe machen möchte, 350 handgeschriebene Seiten mit Vernehmungsprotokollen, Berichten und Briefen zu lesen.

Sie stellen die Prozeßakte eines gewissen Peter Peters dar – eben des Mannes, der nach der Schlacht den dänischen Leutnant beleidigte. Weil man über ihn offiziell zu Gericht saß und ihn *zu lebenslanger Karrenstrafe* – also zu Zwangsarbeit – verurteilte, wurden die Hintergründe und Details all dessen, was nach der Schlacht *intern* zwischen den *Verbündeten*, den Dänen und den Dithmarschern, geschah, doch noch bekannt.

Aber es wurde nie veröffentlicht. Im Landesarchiv Schloß Gottorf war man lange Zeit der Meinung, daß die Unterlagen über all diese Vorfälle von den Preußen 1867 vernichtet worden seien. Nach Bismarcks erfolgreicher Schlacht bei Königgrätz und dem Prager Frieden im Jahr zuvor war Schleswig-Holstein an Preußen gegangen, und viele für die Preußen unwichtige Unterlagen waren vernichtet worden. Da der beschriebene Vorfall zum Obergericht Glückstadt gehört hatte und gerade dort kaum noch Akten auffindbar waren, hatte man sie verloren gegeben.

Erst ein Büsumer Kurgast aus Düsseldorf, der im Hotel *Zur alten Post* originale Kanonenkugeln aus dem Seegefecht entdeckte und sich für Einzelheiten interessierte, wurde von dem Historiker Professor Prange im Jahre 1981 darauf hingewiesen, daß man über die Gerichtsakten des damals Verurteilten, der in der Festung Grenzburg inhaftiert war, Aufschlüsse erhalten könnte.

Und Erstaunliches wurde nach 168 Jahren ausgegraben.

Zunächst noch Einzelheiten über die Seeschlacht: Am besagten 3. September waren die englischen Kriegsschiffe bis auf eine halbe Kanonenschußlänge an den Büsumer Hafen herangekommen, in dem die dänischen Boote unter dem Oberbefehl des neunundzwanzigjährigen Leutnants M. C. Klauman vor Anker lagen. Wegen der geringen Entfernung der feindlichen Schiffe gab es keine Bewegungsfreiheit mehr für die Dänen, und so mußten sie vom Ankerplatz aus das Gefecht führen. Mehr als vier Stunden kämpften sie zäh und erbittert gegen die englische Übermacht. Es fielen sieben dänische Soldaten, die später auf dem alten Büsumer Friedhof ein Ehrenmal gesetzt bekamen, und sechzehn wurden verwundet und in Büsumer Häusern noch am Nachmittag versorgt. Während des Gefechts wurden auch Häuser in Büsum von Kanonenkugeln getroffen. Es brannte an verschiedenen Stellen, und die Aufregung im Ort war groß.

Es kamen am frühen Nachmittag noch drei weitere englische Boote, die aber nicht mehr in den Kampf eingriffen. Und so war er gegen 14.30 Uhr mit einem Sieg für die Dänen beendet. Nach dem Verlust zweier schwer beschädigter Kanonenboote ankerten die englischen Schiffe anderthalb Meilen vor Büsum im Flachstrom und gaben sich geschlagen.

Der noch so junge Premierlieutenant Klauman wurde für seine außergewöhnliche Leistung vom dänischen König mit dem Orden und dem Titel *Dannebrogsmann* ausgezeichnet. Aber vorher hatte er noch einigen Ärger – trotz der gewonnenen Schlacht –, und dieser erwuchs ihm am selben Tag ganz *intern* mit seinen sogenannten *Verbündeten*, den störrischen und aus den erwähnten Gründen englischfreundlichen Dithmarschern.

Die Verwundeten, die man nach dem Gefecht an Land gebracht hatte, waren auf Büsumer Häuser verteilt worden.

In einem kleinen Haus in der Nähe des Hafens lag mit ein paar anderen Matrosen zusammen ein schwerverwundeter Däne, dem die zugezogenen Ärzte ein Bein abnehmen mußten.

Gegen 16 Uhr nachmittags scharte sich eine schaulustige Menge vor den winzigen Fenstern des Hauses, um möglichst viel von dem mitzubekommen, was da auf einem provisorisch zugerüsteten Operationstisch geschehen sollte. Dadurch drang so wenig Licht durch die Fenster, daß die Doktoren in ihrer Arbeit stark behindert wurden und einer von ihnen einen Dithmarscher Küstenmiliz-Unterbefehlshaber beauftragte, Wachen aufzustellen und die vielen Neugierigen vom Haus fernzuhalten.

Der Unterbefehlshaber tat, was man ihn geheißen hatte, und stellte einige Posten, die offenbar dem Branntwein zugesprochen hatten, auf. Als nun der Premierlieutenant Klauman persönlich auf das Haus zukam, um nach seinem operierten Matrosen zu sehen, versperrten ihm die Dithmarscher Posten den Weg mit den Worten: *„He mut hier nich gehn, he schall turüg."*

Der genossene Alkohol hatte hier ganz offenbar wenig freundliche Emotionen freigesetzt und den Groll der Dithmarscher gegen die Dänen in einer Weise verbal fixiert, die ein dänischer Offizier nicht hinnehmen konnte. Der blieb zunächst noch ganz ruhig, wandte sich an den Unterbefehlshaber und wies ihn auf seine Uniform und seine Orden hin. Aber als er verlangte, sofort durchgelassen zu werden, widersetzte sich ihm auch der Unterbefehlshaber. Mit den störrischen Worten: *„He hätt hier gar niks zu befehlen. Ick hef hier zu befehlen"*, verweigerte er dem Offizier den Zutritt zum Haus.

Und damit noch nicht genug. Aus der Menge stolperte ein angetrunkener Küstenmilizsoldat, packte den Premierlieutenant und stieß ihn auf der gegenüberliegenden Straßenseite zweimal voller Wut gegen einen Zaun. Bei dem Versuch, sich zu befreien, zerriß sich der Leutnant seine Uniform – und man kann sich unschwer vorstellen, welchen Triumph seine Niederlage für die aufrührerischen Dithmarscher bedeutete.

Obwohl die Ärzte versuchten, den jungen Klauman zu beruhigen, gelang es ihnen nicht, seinen Zorn über die Dithmarscher Küstenmiliz zu zügeln. Er beorderte hundert Matrosen und Seesoldaten von seinen Schiffen an Land und ließ die Küstenmiliz entwaffnen und aus Büsum verjagen.

Bei dieser Aktion kam es bei einbrechender Dunkelheit zu einer Schießerei, bei der ein Küstenmilizsoldat lebensgefährlich verletzt wurde. Er starb – wie aus den Akten hervorgeht – später in Heide und hinterließ eine Frau und sechs Kinder.

Es wurde ebenfalls aktenkundig, daß der Unterbefehlshaber degradiert wurde und die Kosten seines Prozesses – 400 Reichstaler in Silber – bezahlen mußte. Außerdem verurteilte man ihn zu einer Kerkerstrafe bei Wasser und Brot für die Dauer von vierzehn Tagen.

Sehr viel ärger erging es natürlich dem Küstenmilizsoldaten Peter Peters, der den Premierlieutenant so haarsträubend behandelt hatte. Wegen grober Beleidigung – und die Schuld an der so degradierend zerrissenen Uniform des Offiziers gab man ihm natürlich auch – wurde er zu der bereits erwähnten *lebenslangen Karrenstrafe* verurteilt und wanderte in die ebenfalls schon erwähnte Festung Grenzburg. Es steht allerdings auch fest, daß er nicht nach lebenslanger Zwangsarbeit starb, sondern nach viereinhalb Jahren begnadigt wurde.

Leutnant Klauman hat später in einem Brief behauptet, er sei davon überzeugt, daß die Dithmarscher den Angriff der Engländer herbeigeführt hätten. Beweisen konnte er das nicht, aber es gab außer ihm so manchen, der diese Version durchaus nicht von der Hand wies. Auch im nachhinein spricht einiges dafür.

Auf jeden Fall hatte der junge Offizier sicher recht, wenn er seinem königlichen Herrn versicherte, daß es sich bei Norderdithmarschen *„um die am wenigsten patriotische Provinz von ganz Dänemark* handle ...

MODERNE PIRATERIE NACH DEM
ZWEITEN WELTKRIEG

Helgoland wird geplündert

Wer heute glaubt, daß mit dem Zeitalter des Barock auch die Seeräuberei an der deutschen Nordseeküste ein Ende gefunden hätte, liegt nur bedingt richtig. Eine ganz neuartige Form – und doch der ursächlichen sehr verwandt – flammte noch einmal in sehr viel späterer Zeit auf: Nach dem Zweiten Weltkrieg, als die Insel Helgoland menschenleer und von den Engländern als Vernichtungsobjekt ausersehen war, kamen Nordseeküstenfischer mit ihren Schiffen, um dort zu holen, was man an Brauchbarem zurückgelassen hatte. Und brauchbar war in jener Zeit nahezu alles. Daß es sich aber in diesem Fall um exakte Plünderei handelte, wollte niemand der Beteiligten wahrhaben.

Die historische Situation war folgende: Im Jahre 1890 war die Insel Helgoland im Helgoland-Sansibar-Vertrag durch Tausch aus englischem Besitz in deutschen übergegangen und eine deutsche Festung geworden. Die dort nach dem verlorenen Ersten Weltkrieg geschleiften militärischen Anlagen hatte man jedoch unter dem Regime des Nationalsozialismus wieder aufgebaut und noch entscheidend vervollständigt und modernisiert. Nach dem Zweiten Weltkrieg dienten sie der englischen Luftwaffe zunächst als Versuchsziel – später plante man, die Insel sogar ganz zu zerstören und von der Landkarte zu streichen, realisierte diese Vorstellung jedoch nicht.

Die gesamte Helgoländer Bevölkerung war 1947 – ohne jede konkrete Hoffnung auf eine Rückkehr – aufs Festland umgesiedelt worden.

Der rote Felsen ragte menschenleer aus dem Meer heraus – für die verstreuten Ausgesiedelten Ziel ihrer Sehnsucht, für die Engländer eine dem Feind abgejagte gefährliche Festung und für eine ganze Schar von Nordseefischern willkommenes Beute-Objekt.

Offenbar wurzelt in manchen Menschen eine abenteuerliche Gier, aus dem Unglück anderer Menschen eigenen Profit zu schlagen. Einige „Mutige", die heimlich auf der Insel gelandet waren, fanden schnell heraus, daß die armen Helgoländer bei ihrer Aussiedlung unglaubliche Mengen an Hausrat, Heizmaterial und auch Maschinen hatten zurücklassen müssen. Und in den Jahren nach dem Zweiten Weltkrieg litt jeder Not, und jeder konnte alles gebrauchen.

Daß eine solche Situation aber noch lange keine Plünderei rechtfertigt, wollten die Männer nicht wahrhaben, die die strengen Verbote der Engländer ignorierten und zu Scharen über die Insel herfielen. „*Es ging ums Halsloch*", sagte einer von jenen, die dabei waren, und meinte damit, daß in Notzeiten ganz gewiß jedem das Hemd näher ist als der Rock. Aber – um bei dem Vergleich mit dem Halsloch zu bleiben – damit man selbst etwas mehr *Luft* bekommt, darf man anderen das Halsloch nicht knebeln. Das ist Verbrechen. Und was da auf Helgoland geschah, war Verbrechen.

Unter dem Vorwand, daß sie *unbrauchbar gewordenes Buntmetall* um die Insel herum fischen wollten, hielten die Nordseeschiffer sich in der Region auf und machten heimlich ihre Beutezüge. Der spektakulärste, der allerdings nicht

Geheimnis blieb, brachte ihnen auf abenteuerliche Weise die tonnenschwere Büste des Deutschlandlied-Dichters Hoffmann von Fallersleben ein. Der große deutsche Poet schrieb sein Lied mit den bewegenden Worten „*Deutschland, Deutschland über alles*" im Jahr 1841 auf Helgoland und verlor doch schon ein Jahr später seine Professur an der Breslauer Universität, weil man ihm vorwarf, mit seinen freiheitlich-nationalen *Unpolitischen Liedern* die Staatspolitik nicht unterstützt zu haben.

Die Büste des Dichters war aus reiner Bronze, und die modernen Piraten werteten sie lediglich als valuable Metallmasse, die man sicher grandios verhökern konnte. Man hat sich später Mühe genug gegeben, den räuberischen Abtransport des Denkmals bis in seine Einzelheiten zu rekonstruieren. Aber die meisten der Beteiligten schwiegen sich lieber aus oder redeten „um den heißen Brei herum".

Eine Version lautet, man habe die gefundene Büste schließlich doch wieder auf einen Mauerrest gehoben und sie stehenlassen. Sie sei dann nur später auf unerklärliche Weise verschwunden gewesen. Ein Fischer soll behauptet haben, sie sei ihm doch tatsächlich *ins Netz* gegangen. Und was man aus dem Wasser zöge, gehöre ja bekanntlich ... und so fort. Und dann gibt es auch noch jenen, der mit Nachdruck versicherte, er und ein paar andere hätten den Dichter *mühsam aus dem Schlick gebuddelt*. Demnach wäre die Büste also bereits im Watt versandet gefunden worden.

Ein großes Fragezeichen!

Hoffmann von Fallersleben hatte sicher Probleme als Germanist und Politiker – oder *Unpolitiker* –, je nachdem, wie man es nimmt. Aber daß sein Lied bis in unsere Tage hymnisch effektvoll in allen Sportstadien der Welt erklingt und man seine Büste fast hundert Jahre nach seinem Tod ganz spektakulär zurückerobert hat, das hat er sich sicher niemals träumen lassen. Er war nur ein schlichter Mensch mit sehr viel Idealen.

Daß sein Denkmal Menschen in die Hände fiel, für die der Begriff *Idealist* kaum etwas bedeutete, hatte zur Folge, daß die wertvolle Büste auf unrechte Weise in unrechten Besitz gelangte. Und diejenigen, die sie gestohlen hatten, sahen in ihren Träumen diesen Repräsentanten der Kultur schon als hervorragend bezahlten Roheisenklumpen aus einem Schmelzofen kommen. Und wenn man auf der Insel nicht danach geforscht und auf dem Festland nicht zufällig davon gelesen hätte, daß auf Denkmalsraub beachtlich hohe Strafen stehen, dann wäre die Sache mit dem Schmelzofen sicher nicht nur ein Wunschtraum der unredlichen „Buntmetallfischer" geblieben.

So aber ist es verbürgt, daß eines Tages eine Spur ins Nordseeheilbad Büsum führte. Dr. Alfred Kamphausen, Museumsdirektor des Dithmarscher Landesmuseums, ging der von ängstlichen Seelen gewiesenen Spur nach und fand das Denkmal unter Tau und Netzen und allerlei Unrat verborgen in einem Stall versteckt. Da die Figur aber freiwillig und sogar mit einigen fadenscheinigen Erklärungen und Unschuldsbeteuerungen herausgegeben wurde, gingen die Inselräuber straffrei aus.

Die Büste des Dichters unterzogen Experten einer sehr sorgfältigen „Schönheitsoperation", und am 10. Oktober 1960 gab es auf Helgoland eine zweite Denkmalsenthüllung. Zu diesem Zeitpunkt waren die Helgoländer, die man auf 150 Festlandsorte verteilt gehabt hatte, längst auf ihre Insel zurückgekommen. Denn 1952 hatten die Besatzungsmächte die Insel wieder freigegeben, nachdem zwei mutige und entschlossene Heidelberger Studenten dort die Europa-Flagge gehißt und damit eine weltweite Diskussion um das Insel-Schicksal herausgefordert hatten.

JAGD AUF MEERESTIERE

Eingriffe in die Natur aus Profitgier

Eine ganz andere Form von Gesetzesverstößen im Bereich der Nordsee bis hinauf in die arktischen Gewässer – aber auch sie sollte nicht unerwähnt bleiben, wenn es gilt aufzuzeigen, was auf dem Meer an Unrecht verübt wurde – bildeten zu allen Zeiten die Verstöße gegen die Gesetze der Natur, Einbrüche ins Öko-System, die gleichfalls menschlicher Gewinnsucht entstammten.

Schon der Dithmarscher Chronist Neocorus berichtet von Fischern, die Scharen von Bergenten zur Zeit der Mauser, wenn sie nicht fliegen konnten, in ihren Netzen fingen, um sie in großen Mengen zu verschachern.

Dabei blieb die Jagd auf Vögel unwesentlich. Skandale gab es um den Walfang und den Robbenschlag – und hier entwickelte sich dann auch spontan eine besondere Art von Seeräuberei: Es gab nämlich genügend Piraten, die es nicht auf die Kauffahrteischiffe der Hanse abgesehen hatten, sondern den Walfängern nachstellten, wenn sie mit ihrer wertvollen Fracht nach Hause strebten.

So zog der gnadenlose Eingriff in die Natur auch noch räuberische Elemente an und machte sie mobil, den Fängern ihre Beute abzujagen, die jene immerhin in fast unvorstellbar harter Arbeit für sich errungen hatten.

Man weiß heute aus Aufzeichnungen, daß insbesondere von Hamburgern und Friesen nahezu zehntausend Grön-

landfahrten auf Wale registriert sind. In einer kaum glaubli-
chen Menge wurden sie im Lauf der Zeit gejagt. Die Jagd
war grausam. Die Tiere wurden – so riesig wie sie waren – in
eine möglichst enge Bucht getrieben, wo man sie so lange
harpunierte, bis ihre Peiniger ihnen endlich den Fangstoß
mit der Lanze geben konnten. Dann wurden die gewaltigen
schwimmenden Säugetiere geschlachtet und zerlegt –
manchmal noch lebendigen Leibes. Dabei färbte sich das
Wasser in den Buchten rot und schäumte Blut und Tran an
den felsigen Strand. Aber das kümmerte die harten Fänger
nicht.

Allerdings war nicht immer nur das Tier das Opfer. Die
Verluste unter den Walfängern waren immens und wirklich
unabsehbar. Die harten Männer, die sowohl durch die reiche
Beute als auch durch das erregende Abenteuer angelockt
wurden, blieben zu Scharen als Opfer im Meer zurück. Die
Überlebenden haben von brutalsten Kämpfen auf dem
Wasser – und zwar sowohl mit Sturm und Wellen als auch
mit den attackierten Tieren selbst – berichtet. Die Walfänger
mußten nämlich zum Fang ihr großes Mutterschiff in kleineren Booten verlassen, und bei Sturm trieben diese oft
genug weit ab und ließen ihre Besatzung umkommen. Und
auch der Wal konnte zum tödlichen Gegner werden. Im
Todeskampf brachte er sehr wohl mit einem einzigen Schlag
des Schwanzes ein kleines Boot zum Kentern. Oder er nahm
es auf seinen riesigen Rücken und zwang es durch eine
gewaltige Rumpfdrehung in den Untergang.

Und, schließlich auf dem Heimweg, drohte den Männern
der Untergang durch die heimtückischen und beutehungri-
gen Korsaren. Manchmal sollen diese Kaperer sogar eine Art
von *Ritterlichkeit* an den Tag gelegt haben. Hatten sie so ein
Fangboot geentert, trat der Stärkste von ihnen mit blankem
Schwert vor den Kapitän und forderte ihn zum Zweikampf.

Das Schiff mit seiner Ladung sollte dann dem gehören, der diesen Kampf als Sieger überstand. Aber meistens überfielen die Piraten ihre Gegner nach bewährter Methode längsseits, überwältigten die Mannschaft und stoben mit ihrer Beute – und häufig auch mit dem Schiff – davon. Die Walfänger aber bezahlten Wagemut und Hunger nach etwas Reichtum mit ihrem Leben.

Wir wissen aber auch, daß nicht jeder Walfänger seine Reisen freiwillig antrat. Es wurden auch straffällig Gewordene nach Grönland geschickt. In einem alten Shanty hat sich das überliefert: *„Wer Vater und Mutter totgeschlagen, der muß nach Grönland . . ."* Daraus ergibt sich, daß unter den Walfängern so manches Gesindel anzutreffen war. Und der Umgang mit Kriminellen erfordert zweifelsohne ganz besondere Maßnahmen. So waren denn auch die Gesetze an Bord von einer unglaublichen Härte.

Der Kapitän übte gnadenlos Justiz. Er war sogar Herr über Leben und Tod seiner Leute. Wenn zum Beispiel ein Streit entstand, bei dem einer gegen einen anderen das Messer zog, so wurde dem Angreifer die Hand abgeschlagen, die dann auf der Angriffswaffe aufgespießt und am Großmast festgenagelt wurde. Das alles klingt erbarmungslos grausam. Aber wenn auf offenem Meer und engstem Raum Ordnung gehalten werden sollte – und das unter Männern, die weder Tod noch Teufel fürchteten –, dann war zur Erhaltung von Schiff und Mannschaft äußerste Strenge geboten.

Und das alles geschah, weil ein Tier die Menschen in die nördliche Weltverlorenheit trieb: Der Wal . . . Daß die übertriebene Jagd auf ihn Unheil in der Natur anrichtete, machte sich niemand klar. Walfleisch, Walspeck, Grieben, Knochen, Barten und Ambra waren von unschätzbarem Wert. Und vor allem der Tran. Er spendete Licht. Zum erstenmal war es möglich, in den ständig wachsenden Städten Licht-quellen zu erschwinglichen Preisen einzusetzen.

Ähnliches wie von den Walfängern kann man in jeder Weise auch von den Robbenschlägern berichten. Es waren harte Männer, die in einem entbehrungsreichen Leben unter einer blassen Mitternachtssonne ganze Robbenvölker ver-nichteten.

Niemanden rührte das willkürliche Massensterben unter den Seehunden. Niemanden rührte es, daß die Robbenjäger es besonders auf die entzückenden Jungtiere abgesehen hat-ten, weil ihr Fell speziell hoch im Kurs stand. Den verzwei-felt brüllenden kleinen Robben wurde so heftig ein Knüppel über den Kopf geschlagen, daß sie bald verendeten. Nach solchem Blutbad lagen sie oft zu Hunderten am Strand und verwesten manchmal schon, bevor die Peiniger sie noch verarbeiten konnten. Welch ein sinnloses Tun!

Um *wirtschaftlicher* handeln zu können, taten sich die Robbenschläger deshalb zu Flotten zusammen. Derartige Zusammenschlüsse hatten außerdem den Vorteil, daß die Piraten in der Nordsee, die eher feige waren, lieber davon-stoben, wenn sie stark bemannte Flotten durch das Meer pflügen sahen.

Seehunde wurden übrigens nicht nur auf dem Meer und vom Schiff aus gejagt. An den Küsten wohnten genügend Robbenjäger, die quasi *zu Fuß* den armen Tieren den Garaus machten. Im Sommer gingen sie aufs Watt hinaus, um den Seehunden nachzuspüren – im Winter turnten sie tatsächlich auf die Eisschollen, auf denen die Tiere sich gern sonnten.

Um die armen Kreaturen anzulocken, behängten sich die Fänger mit frischen Seehundfellen und ahmten die Stimmen der Robben nach. Wenn sich nun die Tiere, die sich nach dem Geruch und dem Geräusch orientierten und meinten, ihresgleichen in der Nähe zu haben, dem Fänger näherten, wurden sie mit Keulenschlägen empfangen. Konnten sie einem solchen Schlag entgehen, wurde meistens keine Verfolgung angesetzt, weil bedrohte Robben sehr anhaltend tauchen.

Aber genügend Tiere entgingen den Schlägen nicht. Augenzeugen haben berichtet, daß Seehunde in ihrer Pein Tränen vergießen können. Was könnte die Natur Anrührenderes hervorgebracht haben als ein lautlos weinendes Tier...

Während hinlänglich bekannt ist, welchen Nutzen Wale hatten und haben, glaubt man allgemein, Seehunde wurden nur um ihres Felles willen gefangen. Das war jedoch keineswegs so. Das Fleisch hat man geschmacklich mit dem Fleisch des Schwarzwilds verglichen, und besonders die Jungtiere wurden gern gegessen. Das Öl konnte man zum Brennen benutzen, aber auch zur Bearbeitung von Leder. Aus der Haut schließlich wurden Reisetaschen und Stiefel gemacht – und das glänzende Seehundfell ergab bis in unsere Tage beliebte Mäntel, Jacken und Mützen, deren Vorzug darin besteht, daß sie Nässe nicht einsaugen.

Und jetzt sind wir aus dem Präteritum ins Präsens hineingeschlüpft. Die Bedeutung des Walfangs ist in unseren Tagen natürlich zu einem Minimum zusammengeschrumpft. Aber auch in unserem Jahrhundert ging noch ein wahrer Fangrausch durch die Wal-Expeditionen, und während der ersten drei Jahrzehnte wurde der Mensch zum größten Raubtier. Seine Opfer, die Wale, waren wehrlos gegenüber der durch immer mehr technische Raffinessen gegebenen Überlegenheit des Menschen. Die Bestände gingen so weit zurück, daß im Jahre 1934 auf der Welt nur noch 30 000 Wale erlegt wurden. Das waren trotz intensivster Bemühungen um einen reicheren Fang über 10 000 weniger als in den Vorjahren.

Nun erkannten einsichtige Expeditionsführer, daß – wenn man auch auf legalem Wege nirgends bereit war, das Tier vor der Ausrottung zu bewahren – ein ethisches Gesetz dem Walfanggeschäft etwas entgegensetzen mußte. Sie brachten die Angelegenheit vor den Völkerbund, eine Vereinigung Amerikas mit den verbündeten Mächten des Ersten Weltkrieges. Im *Genfer Abkommen* vom 18. Januar 1936 und im *Londoner Abkommen* vom 8. Juni 1937 einigten sich die Walfanggesellschaften über die Zahl der zu erlegenden Wale und die jährlichen Fangzeiten.

Trotz dieser Einigung war es dann eigentlich der Zweite Weltkrieg, der die Zahl der Wale wieder wachsen ließ und die Lücken auffüllte, die raubgierige Menschen geschlagen hatten. Denn viele von den Fangschiffen wurden von Unterseebooten torpediert, manche wurden sogar gekapert. Das Meer war zu einem gefährlichen Aufenthaltsort geworden. Das verhalf auch dem Seehund zu einer ungeahnten Schonzeit. Erst zu Beginn der fünfziger Jahre, als Deutschland seine Jagdhoheit zurückerhielt, konnte auch der Seehund wieder rechtmäßig bejagt werden.

Diese Möglichkeit, sich auf natürliche Weise zu vermehren, bewahrte den Seehund in der Nordsee wahrscheinlich vor dem Aussterben.

Denn zum Ende des vorigen Jahrhunderts hatte man begonnen, ihm auf ganz neue Weise übel mitzuspielen. Seebäder entwickelten sich an der Küste und auf den Inseln, und die findigen Ortsansässigen, die nichts unversucht ließen, um Gäste anzuwerben, ließen sich so allerhand zu deren Entertainment einfallen. Sie rüsteten sogenannte *Lustkutter* aus und führten die interessierten Fremden hinaus zu den Sandbänken, wo sie sich ihre Trophäe holen konnten.

So wurde zum Beispiel in Büsum, nachdem in den ersten Jahren unseres Jahrhunderts einige große und vornehme

Hotels gebaut worden waren, mit sehr wirkungsvollen Slogans für die Seehundjagd geworben. Es war *in* und galt als äußerst exklusiv, auf diese Weise einem Sport zu frönen, den sich nicht jeder leisten konnte. Eine solche Jagd begann meistens wie ein Wochenendausflug per Dampfer, auf dem die Heuler-lüsternen *Gastjäger*, die oft von weit her kamen, mit einem angeheuerten Fischer zu den Sänden hinausfuhren. Dort wurden dann vornehmlich die Jungtiere, die kleinen Heuler, *aufs Korn* genommen. Abgesehen davon, daß so ein junges Fell sehr viel hübscher als die vernarbte Haut eines alten Tieres ist, war es auch sehr viel leichter, ein zutrauliches Seehundbaby, das neugierig auf dem Sand zurückblieb, anzuschießen und dann mit der Hand zu greifen, als ein gewitztes Alttier im Wasser zu treffen.

Erst 1935 tat man etwas für den bis dahin völlig ungeschützten Seehund. Robbenschlagen, Hetz- und Netzjagd und sogar der Schrotschuß wurden verboten. Der Kugelschuß allein war erlaubt und eine Abschußgenehmigung Voraussetzung. Aber es war nicht schwierig, solche Genehmigungen zu bekommen. Und bis zum Jahre 1969 sah es für die Seehunde – und ganz besonders für die kleinen Heuler – erbärmlich aus.

Bis zu diesem Zeitpunkt konnte man gegen Vorlage des Jagdscheins und eine Gebühr von 20 Mark einen Seehund-Jagderlaubnisschein bekommen. Ein lizensierter Seehundjagdführer war für einen Hundertmarkschein zu haben. Ein paar ethische Motive waren inzwischen schon gegen die größte Grausamkeit wirksam geworden. So durfte ein Seehund nur dann beschossen werden, wenn er *Sand unter dem Bauch* hatte – also nicht mehr wegtauchen konnte und irgendwo als angeschossenes Tier verendete. Daß die kleinen Heuler immer noch am ärgsten betroffen waren, lag nun daran, daß es inzwischen eine Anweisung gab, die die

Erlegung von Alttieren im Sommer verbot, weil sich ein Muttertier darunter befinden konnte. Aber danach wurde sich längst nicht immer gerichtet. *Rasch und billig* war die Devise. Und die Sonntagsjäger standen meistens unter Zeitdruck, und die Kuttermiete wurde nach Stunden bezahlt.

. . . bis 1988 die Apokalypse über die Seehunde hereinbrach. Ein ungeahntes Massensterben verringerte den Bestand in noch nie dagewesener Form. Mutmaßungen und Rätsel um dieses Massensterben sollen und können hier nicht erörtert werden.

DAS ZOLLWESEN AUF DEM MEER

Ordnungshüter auf dem Meer und in Hoheitsgewässern

Alle die Probleme, die massive Einbrüche ins Ökosystem bedeuten, haben in unserer Zeit Formen angenommen, die die ganze Welt auf den Plan rufen. Neben anderen vielfältigen Aufgaben beschäftigen sich damit heute das Zollamt und die Wasserschutzpolizei – die beiden Institutionen, die heutzutage eingesetzt sind, um der Gesetzlosigkeit auf dem Wasser Einhalt zu gebieten und vorzubeugen.

In seiner ganzen Vielfalt bietet der breitgefächerte Aufgabenbereich des Wasserzolls ein übersichtliches Bild über die Arbeit, die in unseren Tagen gegen Gesetzesverstöße in der Nordsee und an ihrer Küste geleistet werden muß.

Der Zoll kontrolliert an allen Grenzen den grenzüberschreitenden Warenverkehr. Auf dem Wasser fällt dem eine ganz besondere Bedeutung zu. Trotz zahlreicher Erleichterungen, die in den vergangenen Jahren vereinbart werden konnten, müssen aufgrund unterschiedlicher Besteuerungsgrundlagen auch innerhalb der Europäischen Gemeinschaft Kontrollen stattfinden. Dadurch wird dann sichergestellt, daß tatsächlich alle Handelsgüter gleichmäßig belastet und Wettbewerbsverzerrungen vermieden werden – das gilt auch nach der Grenzöffnung im Jahr 1992.

Zahlreiche Aufgaben neben dem Kampf gegen den Schmuggel – wie zum Beispiel die Kontrolle des innerdeutschen Handels, die Überwachung des Lebensmittelrechts, die des Umweltschutzes oder auch des *Washingtoner Artenschutzabkommens* zur Rettung bedrohter Tiere und Pflanzen – sind in jüngerer Zeit dazugekommen.

In ihrer 120jährigen Geschichte haben die Zollboote immer sehr maßgeblich zur Überwachung der Seegrenzen beigetragen. Die Crew dieser Boote setzt sich zumeist aus Männern mit seemännischen Berufen zusammen. Die Erfahrung auf dem Meer, die Begegnung mit Schmugglern und ihren Tricks und ihre Kenntnisse der Fischereivorschriften haben sie intensiver geschult, als man das einem Beamten in einem trockenen Lehrgang würde vermitteln können.

Der erweiterte Aufgabenbereich erfordert natürlich mehr versierte Menschen und technisch vorbildlich gerüstete Boote. Der Zoll besitzt heute eine moderne Flotte, denn man begann vor einigen Jahren, die vielfach mehr als dreißig Jahre alten Schiffe durch neue zu ersetzen. Das letzte von ihnen wurde im Mai 1988 vom damaligen Bundesfinanzminister Dr. Gerhard Stoltenberg als dem Schirmherrn des Zollwesens in Dienst gestellt und ist in Büsum stationiert.

Die anderen schleswig-holsteinischen Zollboote der Nordsee liegen in Hörnum auf Sylt, in Brunsbüttel und in Glückstadt. Alle Boote sind ausgerüstet mit Radar und Seefunkanlagen, mit den erforderlichen nautischen Geräten und Behördenfunk. Sie haben eine Durchschnittslänge von dreißig Metern und sind mit einer PS-Zahl zwischen 700 und 1500 motorisiert. Mit diesen Schiffen kann der gesamte Festlandsockel-Bereich bestreift und auch die Forschungsplattform der Bundeswehr angelaufen werden.

Die eben beschriebenen Zollboote sind übrigens zu groß, um längsschiffs zu gehen und ihre Besatzung auf andere Boote übertreten zu lassen. Daher verfügen sie über Beiboote – Schlauchboote mit ausgezeichneten Fahreigenschaften –, die nur sieben Meter lang sind und bei größtmöglicher Sicherheit hohe Geschwindigkeiten fahren können. Das ist wichtig für Verfolgungen auf See und ebenso bei Rettungsaktionen.

Diese Tochterboote sind aus einer seewasserbeständigen Aluminiumlegierung hergestellt und können über eine Heckrampe zu Wasser gelassen und ebenso wieder aufgenommen werden. Auch diese Beiboote sind unsinkbar und können im Bedarfsfall ganz unabhängig vom Mutterschiff selbständig operieren. Sie verfügen neben der normalen nautischen Ausrüstung selbstverständlich auch über Radar und zwei Funksysteme. Ihre vierköpfige Besatzung ist es dann meistens, die nach einer Verfolgung die gesuchten Straftäter festnimmt und sie an Bord des Mutterschiffes abliefert. Auslöser solcher Verfolgungen sind die Funksysteme. Zum Beispiel meldet das Bundeskriminalamt, daß der Verdacht bestehe, eine die Westküste anlaufende Segelyacht habe Kokain an Bord. Sofort beginnt die Suche und die Observierung.

Oder – eine Sache, die in den Logbüchern der Zollkreuzer heute eine immer größere Bedeutung bekommt – das Feuerschiff in der Deutschen Bucht meldet, daß ein Hubschrauber im Zuständigkeitsbereich des Zollschiffes ein Boot bei offensichtlicher Verklappung von Dünnsäure beobachtet habe. Die Hubschrauber haben eine direkte Funkverbindung zum zentralen Meldekopf in Cuxhaven, der wiederum alle Verdachtsmomente an die richtigen Stellen weiterleiten kann. Das System funktioniert mit unglaublicher Präzision. Wenn das Zollbeiboot einen solchen Umweltsünder dann auf offener See entert, ist der in den meisten Fällen so verblüfft, daß er gar nicht erst leugnet – wenn er nicht gar *in flagranti* noch ertappt wird. Wird aber doch geleugnet, so besitzen die Männer vom Zoll ausgezeichnete Methoden, um mit Hilfe von Wasserproben in Schiffsnähe und Resten der Abfälle an Bord sehr wohl festzustellen, ob beides identisch ist. Und wenn die Proben aus der Nordsee übereinstimmen mit den Proben auf dem verfolgten Schiff, dann gibt es hohe Strafen.

Das hat natürlich nicht eigentlich mit Zollfahndung zu tun, aber das Verkehrsministerium, das weder Boote noch Polizeivollzug besitzt, könnte einer solchen Aufgabe auf dem Wasser nicht gerecht werden und hat sie deshalb an den Wasserzoll abgetreten.

Und gerade die Erfüllung solcher Aufgaben hat bewirkt, daß das Zollamt viel an Beliebtheit innerhalb der Bevölkerung gewonnen hat. Früher wurden die Männer vom Zoll gern identifiziert mit der unangenehmen stereotypen Wendung: *„ Was haben Sie in Ihrer Tasche?"*, und das hört wohl niemand gern. Zum Umweltschutz aber stellt sich jeder positiv – wenn er nicht gerade selbst zu den Sündern gehört.

Tatsächlich sind es die modernen Zollboote, die viel zum Rückgang der Nordseeverschmutzung beitragen. Das tadellos funktionierende Funksystem und die Schnelligkeit der Boote – der leitende Maschinist und sein Team müssen jedoch auch bei 35 Grad Celsius im Maschinenraum arbeiten – gewähren eine optimal rasche und genaue Verfolgung. Alljährlich geht die Zahl der Straftaten durch Umweltverschmutzung um etwa 200 zurück.

Einen weiteren ganz neuen Schwerpunkt des Wasserzolls stellt die Verfolgung des Raubfischfangs dar. Hier ist es das Ministerium für Ernährung, Landwirtschaft und Forsten, das aus den gleichen Gründen wie das Verkehrsministerium seine diesbezüglichen Aufgaben an die Zollboote abgegeben hat.

In Übereinstimmung mit der EG hat die Bundesrepublik in der Nordsee vor der seewärtigen Grenze ihres Küstenmeeres eine Fischereizone bis zu 200 Seemeilen eingerichtet und übt in dieser Zone hoheitliche Rechte zum Zweck der Erhaltung und Nutzung der Fischbestände aus. Es geht dabei darum, daß kein verbotener Fischfang betrieben wird und daß alle bestehenden fischereirechtlichen Bestimmungen auch wirklich eingehalten werden.

Eine besondere *Jagdbeute* stellten in früheren Jahren die beliebten Seezungen dar. Besonders den so schmackhaften jungen Fischen suchte man mit besonders kleinmaschigen Netzen den Garaus zu machen und sie auf diese Weise daran zu hindern, zu ausgewachsenen Tieren zu werden, die selbst wieder Nachwuchs haben könnten.

Deshalb darf zum Schutz der Seezungen in der Zeit von April bis Juli kein Schiff mit einer größeren Maschinenleistung als 300 PS oder einer Größe von mehr als 70 Bruttoregistertonnen auf Plattfischfang gehen. Diese Bestimmung wurde erlassen, weil die Seezungen in dieser Zeit zum Laichen an die deutsche Nordseeküste kommen. Leider hat die Erfahrung gelehrt, daß insbesondere niederländische Fischkutter oft mit überschwerem Fanggeschirr und kleinmaschigen Netzen ausgerüstet waren, so daß sie sträflicherweise den Meeresboden regelrecht aufpflügten und damit die Fischbrut, die Jungtiere und das ganze biologische System zerstörten. Die straffällig gewordenen Fischer sind harte Burschen, und nachdem sich solche rechtswidrigen Übergriffe gehäuft hatten, hielt man es zu Beginn der achtziger Jahre für ratsam, die Zollboote mit leichten Maschinengewehren auszurüsten. Bei diesen Einsätzen sind die Besatzungen aufs äußerste gefordert.

In der Nordsee werden alle Schiffe innerhalb der Seezollgrenze in einer Länge von 232 Kilometern überwacht. Hart bestraft wird vor allem auch der Handel mit Rauschgift, der auf dem Wasser und in Hafenstädten seine besondere Rolle hat. Im tödlichen Spiel mit dem Leben fällt dem Zollbeamten oftmals eine entscheidende Begegnung mit dem Verbrechen zu. Er hält abgerichtete Hunde zum auffinden der Drogen und hat es leider so manches Mal auch mit Drogentoten zu tun.

Besondere Bedeutung haben auch die Überwachungsaufgaben des Zolls im Bereich des Artenschutzes nach dem *Washingtoner Artenschutzübereinkommen.* Es sind nicht nur die Tiere selbst, die zu ihrem Schutz unter dieses Gesetz fallen. Auch Gegenstände, die aus ihrem Fell, ihren Zähnen und Klauen oder irgendwelchen anderen Körperteilen hergestellt sind, dürfen nicht eingeführt werden.

Selbstverständlich spielt auch der Waffenschmuggel für die Männer vom Wasserzoll seine Rolle, und es ist erstaunlich, auf was für Tricks und Gaunereien illegale Händler verfallen, wenn es ihnen darauf ankommt, ihre Ziele unbedingt zu erreichen. Gerade auch der Schleichhandel mit Waffen wird auf die vielfältigste Weise verübt - und genau wie bei den Rauschgiftvergehen müssen die Zollbeamten geradezu einen sechsten Sinn entwickeln, um den Raffinessen der Schmuggler gewachsen zu sein.

Es gibt besonders geschulte Beamte in mobilen Spezialtrupps, die Schiffsdurchsuchungen durchführen. Sie sind höchst unwillkommen, wenn sie ein Schiff mit der Weisung entern, es auf verbotenen Waffentransport zu durchsuchen. Aber immer wieder werden über den Wasserweg nicht nur Pistolen und Jagdgewehre, sondern auch Riesenladungen von Munition, Sprengstoff und Granaten aus- oder eingeführt. In oftmals interessanter Tarnung versuchen solche Schiffsbesatzungen, ihre Ladung in den nächsten sicheren Hafen zu bringen und die Männer vom Suchtrupp hinters Licht zu führen.

Noch gerissener gehen die Rauschgifthändler vor. Hier unterhält der Zoll abgerichtete Rauschgiftspürhunde, weil man Drogen so geschickt verstecken kann, daß sie dem menschlichen Auge nur zu leicht verborgen bleiben.

Das Logbuch des Zollkreuzers liest sich trotz solcher Delikte nicht wie ein spannender Krimi. Meistens bleibt es innerhalb der *Schmuggelaufgriffe* doch bei Zigaretten und Alkohol. Wenn wirklich der Verdacht auf ein schweres kriminelles Delikt, wie den Handel mit Heroin oder LSD, besteht, bekommt das Zollboot nur die Aufgabe, das verdächtige Schiff im Auge zu behalten und Kurs und Fahrverhalten zu registrieren. Auf ein Verdachtsmoment hin wird auf hoher See nicht gestoppt. Im Hafen allerdings warten dann schon die Spürhunde.

Die Männer auf dem Zollboot drehen ab, wenn der Verdächtige die Küste anläuft.

Eine weitere Aufgabe des Wasserzolls ist es in heutiger Zeit, Strandgüter zu bergen und sie nach Möglichkeit dem wieder zuzustellen, dem sie rechtmäßig gehört haben. Damit ist der alte Küstengrundsatz *Was am Strand gefunden wird, gehört dem Finder* hinfällig geworden. Strandgüter sind genauso Fundsachen wie Dinge, die man auf der Straße oder sonstwo findet.

Allerdings hat der sogenannte Berger am Strand doch ein gewisses Sonderrecht vor dem einfachen Finder auf der Straße oder sonstwo. Dieses Recht ist das *Pfandrecht*, das dem Berger von behördlicher Seite zugebilligt wird. Was das heutige *Pfandrecht* vom ehemals geltenden *Strandrecht* unterscheidet, ist der Umstand, daß heutzutage jeder Fund am Strand dem Strandamt gemeldet werden muß – auch wenn der Verlierer nicht ermittelt werden kann oder aus anderen Gründen auf Rückgabe des Gutes verzichtet wird.

Wie sehr aber die Küstenbewohner auch heute noch von ihrem alten *Strandrecht* überzeugt sind und sich innerlich dagegen wehren, vereinnahmtes Strandgut als etwas anderes als ihr rechtlich erworbenes Eigentum anzusehen, zeigte sich an einem Ereignis, das im letzten Jahrzehnt des 20. Jahrhunderts Schlagzeilen in der Presse machen sollte.

Auf hoher See hatte ein Frachter aus Sicherheitsgründen bei Orkan eine Decksladung Holz über Kante gehen lassen müssen. Das Schiff, das in den sogenannten *Killer-Orkan* des Vorfrühlings im Jahr 1990 geraten war, hätte sonst Schlagseite bekommen und wäre möglicherweise gesunken.

Da verzichtete man lieber auf die ja ohnehin versicherten Hölzer und ließ sie von Sturm und Wogen bis an den Strand werfen.

Nachdem die See sich beruhigt hatte und die wertvolle Ladung bis auf die Deiche hinaufgeknüppelt worden war, sprach es sich in Windeseile in der ganzen Gegend herum, wie billig man doch hier an sehr brauchbares Holz gelangen könne.

Und in der uralt überlieferten Überzeugung, Strandgut ginge nach dem Auffinden spontan in das Eigentum des glücklichen Finders über, unterließen etliche von ihnen die nötige Meldung beim Strandamt.

Das hatte leider für die zunächst so beglückten Holzsammler unangenehme Folgen. Noch in anderer Weise strafbar machten sie sich durch den Umstand, daß sie zwar auf mittelalterliche Rechte pochten, sich aber sehr zeitgemäßer Methoden bedienten. Mit anderen Worten: Um größere Mengen von Holz wegschaffen zu können, fuhren die eifrigen Sammler mit ihren Autos und anderen Fahrzeugen bis über den Deich.

Und das ist streng verboten. Das war auch im Mittelalter nicht vorgesehen. An Strandgut forttragen durfte man nur, was man mit den Händen greifen und forttragen konnte.

Tempora mutantur – und meistens gelingt es nicht, mit modernen Methoden auf alte Rechte zu pochen.

Oder aus neugewonnenen Erkenntnissen und Techniken Rechte abzuleiten, wie zum Beispiel den Anspruch: *Was ich in Meer und Meeresboden finde, ist mein...*

Eine ganz andere Straftat, zu deren Verhütung der Wasserzoll beiträgt, ist die unerlaubte Bergung von Bodenschätzen im Meeresboden. Auch hier gelten strenge Gesetze, und wenn sie auch für den einzelnen weniger Bedeutung haben, können sie auf höherer Ebene und von höherer Warte aus gesehen doch von großer Wichtigkeit sein.

So stellt der Wasserzolldienst insgesamt ein Organ der inneren Sicherheit dar und ist auf diese Weise in die Fahndungsmaßnahmen der Sicherheitskräfte mit einbezogen.

DIE WASSERSCHUTZPOLIZEI

Die Verfolgung moderner Straftaten in den Hoheitsgewässern

Ähnlich gelagert sind auch die Aufgabengebiete der Wasserschutzpolizei, deren Stationen für das Gebiet der schleswig-holsteinischen Nordsee in Husum und Büsum sind. Je nach der Örtlichkeit arbeitet die Wasserschutzpolizei mit fünf verschiedenen Staatsanwaltschaften zusammen, verfolgt innerhalb der Hoheitsgewässer jedes kriminelle Delikt und übergibt Kapitalverbrechen der zuständigen Kriminalpolizei.

Während der Zoll jedoch eine Einrichtung des Bundes ist, ist die Wasserschutzpolizei Sache des jeweiligen Landes. Ihr Einsatzbereich ist im Gegensatz zu dem des Wasserzolls beschränkt auf die Hoheitsgewässer, die jedoch inzwischen zum Schutz des Meeres eine Erweiterung rund um Helgoland erfahren haben. Zwischen der ehemaligen Drei-Meilen-Hoheitszone und der Insel Helgoland gibt es heute die sogenannte *Küstenbox* – das sind vorgelagerte Gebiete von Elbe, Weser und Jade-Busen. Dort hat die Wasserschutzpolizei seit 1985 volle Eingriffsrechte, während früher Helgoland nur seine eigene Drei-Meilen-Zone auswies, zu der man unabdinglich nur über *hohe See* gelangen konnte. *Hohe See* aber bedeutet: keine Eingriffsgewalt für die Wasserschutzpolizei.

Entlang der gesamten Nordseeküste verläuft die Hoheitsgrenze drei Meilen see-einwärts – jedoch nicht von der Küste, sondern von der sogenannten Basislinie aus. So bezeichnet man die bei mittlerem Spring-Niedrigwasser gemessene Ebbwasserlinie. Nur bei Dithmarschen beträgt die Breite der Hoheitsgewässer rund zehn Seemeilen, weil die Buchten, die von Eiderstedt und Niedersachsen hier das Wasser einrahmen, weniger als 24 Seemeilen voneinander entfernt liegen. Das erlaubt nach dem Gesetz auf der See-karte eine glatt und gerade durchgezogene Linie, aus der sich dann die Verbreiterung der Hoheitsgewässer vor Dithmar-schen ergibt.

Darüber hinaus gibt es im Meer noch eine weitere Schutz-zone. Es ist die sogenannte *Plattfischzone*, die jenseits des Hoheitsgebietes noch neun Meilen in die offene See hinaus-führt und dem Schutz der Fische dient. Auf diesem Sektor wird bis heute auf häufig wirklich dramatische Weise krimi-nelles Handeln in der Nordsee wirksam.

Dramatische Aufbringungen von räuberischen Fischzü-gen hielten insbesondere zu Beginn der 80er Jahre die Was-serschutzpolizei in Atem, die bis zu Kidnapping, tollkühnen Fluchtversuchen und wagemutigen persönlichen Einsätzen – manchmal unter Lebensgefahr – der Wasserschutzpolizi-sten hinreichten.

Die spektakulärsten Fälle verdienen dabei sicher eine besondere Abhandlung und eine minuziös genaue und reali-stische Überlieferung. Nicht immer waren dabei die Männer von der Wasserschutzpolizei erfolgreich. Moderne Piraterie kann so brutal und gemein sein, daß die Verantwortlichen die Verfolgung aufgeben müssen.

Im Mai 1981 gab es einen solchen Fall. Das Polizeiboot *Helgoland* wurde vom Fischereiamt um Mithilfe gebeten, weil niederländische Kutter innerhalb der Zwölf-Meilen-Zone fischend angetroffen worden waren. Tatsächlich wurde am frühen Nachmittag ein Schiff gesichtet und vom Polizeiboot zum Stoppen aufgefordert. Anstatt der Aufforderung nachzukommen, ergriff der Kapitän jedoch die Flucht. Bei Höchstfahrt ließ er die Netze hieven und versuchte davonzukommen. Natürlich nahm das Polizeiboot die Verfolgung auf und suchte das Schiff vom Kurs abzubringen. Plötzlich mußten die Männer auf dem Polizeiboot erleben, wie der Kutter drehte und auf Kollisionskurs ging. Das bedeutete höchste Gefahr. In dem Augenblick schlurrten auch schon die Ketten des schweren Grundgeschirrs von Bord des Kutters wie ein alles niedermähendes Geschütz über das Vorschiff der *Helgoland*. Ein Polizeibeamter, der sich gerade auf dem Vorschiff aufhielt, konnte sich in letzter Sekunde weiter nach achtern an Deck werfen, sonst wäre er ein Opfer der Ketten geworden. Trotzdem gab das Polizeiboot noch nicht auf und versuchte, sich an das Heck des Kutters zu manövrieren. In dem Augenblick, als vom Kutter aus diese Absicht erkannt wurde, ließ der verfolgte Kapitän auf Zickzackkurs gehen – und zwar in einer Weise, daß seine achteraus geschleppten Netzsteerte das Polizeiboot wieder in akute Gefahr brachten. So mußte die Verfolgung abgebrochen werden. Ein moderner Pirat war durch seine brutale Rücksichtslosigkeit der gerechten Verfolgung entgangen.

In anderen Fällen waren die Polizisten glücklicher, und nicht immer wendete man gegen sie Gewalt an. Nur einen Tag später zum Beispiel wurde der holländische Kutter *Hoop op Zeegen*, der sowohl von der Zahl der Bruttoregistertonnen als auch von der PS-Zahl her schon gegen das Gesetz verstieß, innerhalb der Fischereianschlußzone beim Fischen von Seezungen angetroffen. Als dieser Fischer sich vom Polizeiboot gestellt sah, stoppte er sofort und hievte auch die Netze. Ein Polizeibeamter konnte ungehindert hinüberspringen, erlebte dann aber an Bord des Kutters, daß der Kapitän sich weigerte, Büsum anzulaufen, wie es das Gesetz fordert. Dadurch, daß der Polizeibeamte das Grundnetz des Fischers an den Grund fieren konnte, übte er einen berechtigten Zwang aus, und nachdem ein weiterer Beamter ihm zu Hilfe gekommen war, nahm der Kutter Kurs auf Büsum, wo eine Sicherheitsleistung von 13 000 Mark verfügt wurde und man Fang, Netze, Bäume und Kurrleine im Wert von rund 100 000 Mark einzog.

Was die Wasserschutzmänner bei diesem Erfolg an diesem Tag ärgerte, war der Umstand, daß ein zweites Boot, das ebenfalls ganz in der Nähe verbotenerweise fischte, nicht mehr aufgebracht werden konnte, weil zwei Männer an Bord fehlten und damit eine weitere Verfolgung unmöglich wurde.

Einen spektakulären Fall von Kidnapping auf hoher See gab es im Frühsommer des Jahres 1981. Als die Wasserschutzpolizeibeamten sich gerade in einer Seeamtsverhandlung in Büsum befanden, in der zwei Schiffsuntergänge mit Todesopfern vor Büsums Küste behandelt wurden, rief man sie dringend an Bord ihres Bootes. Das Fischereiamt funkte in einem ganz besonderen Fall um Hilfe. Geschehen war folgendes: Das Fischereiaufsichtsboot *Greif* hatte westlich von Hörnum auf der Inselspitze Sylts den niederländischen Fischkutter *Limanda* beim Plattfischfang innerhalb der Zwölf-Meilen-Zone entdeckt. Es war auch ohne größere Schwierigkeiten gelungen, zwei Mann vom Aufsichtsboot auf den Kutter überzusetzen. Als man jedoch den Kapitän zu veranlassen suchte, mit seinem Kutter abzudrehen und zur Einleitung des Bußgeldverfahrens Büsum anzulaufen, nahm der statt dessen Kurs auf hohe See, und mit voller Kraft voraus ging es mit den beiden gekidnappten Beamten auf eine abenteuerliche Flucht.

Natürlich hatte die *Greif* die Verfolgung aufgenommen, mußte aber abbrechen und die weitere Jagd der Wasserschutzpolizei überlassen. Das Polizeiboot *Helgoland* lief um 11 Uhr von Büsum aus und erreichte mit hoher Fahrt den Kutter tatsächlich kurz vor vier Uhr nachmittags. Er stand inzwischen schon 60 Seemeilen westlich von Helgoland und hatte offensichtlich Heimatkurs aufgenommen. Das bedeutete, daß die Hoheitsgewässer bereits verlassen waren und damit der Einschrittsbefugnis der Polizei ihre Grenze gesetzt war. Nun gibt es aber auf See das Recht der *Nacheile* – eines legalen Einschreitens auf der *hohen See* –, das der Wasserschutzpolizei durch die Genfer Konferenz im Jahre 1958 zugesprochen wurde. Es erlaubt eine Straftatverfolgung jenseits des Zonengrenzverlaufs, wenn die Straftat innerhalb der Hoheitsgewässer begangen wurde und man die Verfolgung an Ort und Stelle aufnahm. Voraussetzung allerdings ist in jedem Fall, daß die Verfolgung ohne eine Unterbrechung stattfinden kann. In diesem Fall war die Voraussetzung erfüllt – hätte aber zum Beispiel unterwegs ein Boot in Seenot als SOS-Ruf rote Leuchtkugeln abgeschossen, so hätte das Polizeiboot wenden und retten müssen, und die *Nacheile* wäre zum Abbrechen verurteilt gewesen.

Die Nacheile hinter der niederländischen *Limanda* jedoch gelang. Was nicht gelang, war, den Kapitän zu bewegen, sein Schiff auf entschiedene Aufforderung hin zu stoppen. Inzwischen waren die Beamten voll von gerechtem Zorn und machten von ihrem Recht Gebrauch, aus Maschinenpistolen Warnschüsse abzufeuern. Die Schüsse gingen vor dem Kutter ins Wasser. Es schien zunächst, als ob er seine Fahrt wirklich verlangsamte. Aber dann zog er plötzlich wieder an und nahm die Flucht mit etwa 14 Knoten erneut auf. Immerhin war das Polizeiboot nahe genug, um Tränengas-Wurfkörper auf das Kidnapper-Boot zu schleudern. Aber schon waren die gewitzten Fischer an Deck und machten die Geschosse mit Wasserschläuchen unschädlich. Ein moderner Kampf mit Piraten! Die Polizisten entschlossen sich jetzt, auf Gedeih und Verderb ihr Boot so nahe an das Heck des Fischkutters heranzumanövrieren, daß man es unter Umständen entern und praktisch im *Zweikampf* den Kapitän zur Aufgabe zwingen konnte. Sobald aber das Polizeiboot von achtern herankam, wurden große Netzteile über Bord geworfen, um das Entern durch die Beamten zu verhindern. Trotz der Bewegung der Schiffe, trotz Fahrt und einem erheblichen Seegang gelang es aber einem der Männer, unter Aufbietung aller Kräfte und mit unwahrscheinlichem Mut, von einem Boot aufs andere überzuspringen, um den gekidnappten Kameraden Hilfe zu bringen. Und dann kam es tatsächlich noch zu einer Art *Zweikampf*, denn der Beamte mußte Tränengas einsetzen, um den Kutter-Kapitän zum Stoppen zu veranlassen.

Inzwischen erreichte ein Funkspruch von der Staatsanwaltschaft in den Niederlanden das Polizeiboot – und zwar mit dem warnenden Hinweis, daß der Kapitän dafür bekannt sei, zu Gewalttätigkeiten zu neigen. Darauf wagte noch ein zweiter Beamter den kühnen Sprung auf den Kutter. Allerdings brauchte es auch dann noch fast eine Stunde ärgerlicher Auseinandersetzungen, bis der Kapitän dann nach der Drohung, man werde seinen Kutter schleppen lassen, sein Boot wendete und mit nach Büsum lief. Seine Seeräuberei und das Kidnapping auf offener See kosteten den modernen Korsaren in Geld ausgedrückt etwa 160 000 Mark. Auch für den Schaden, der bei dieser wilden Jagd am Polizeiboot entstanden war, mußte er eine hübsche Summe hinterlegen. Die mutigen Wasserschutzpolizisten aber erfuhren viel öffentliche Belobigung, und Bundesminister Ertl verteufelte diese Art modernster Piraterie aufs heftigste und forderte von der holländischen Regierung einen Staatseingriff.

Tatsächlich war schon das folgende Jahr ruhiger. Aber es kam im Mai 1982 doch noch wieder zu einem aufsehenerregenden Zwischenfall – ebenfalls mit Kidnapping und einer Art Seegefecht zwischen den Ordnungshütern auf See und fischenden Neuzeit-Piraten. Diesmal wurde der niederländische Kutter *Marrie Jacob* vor dem Schmaltief bei verbotenem Plattfischfang innerhalb der Schutzzone von dem *Seefalken* im Dienst der Fischerei-Aufsicht aufgebracht. Zwei Bedienstete des *Seefalken* hatten auf den Kutter übergesetzt, als dieser plötzlich in Richtung offene See abdrehte – mit den Beamten als Geiseln an Bord. Sofort wurde um Hilfe gefunkt. Aus Niedersachsen kam das Zollboot *Kniepsand*. Ein Boot der Wasserschutzpolizei aus Cuxhaven war bereits unterwegs. Um 10.30 Uhr lief auch das Büsumer Polizeiboot *Helgoland* aus. Die verfolgenden Boote standen laufend miteinander in Funkverbindung und trafen etwa gegen 14.30 Uhr rund 50 Seemeilen westlich von Helgoland zusammen. Dort bot sich ihnen ein wahrhaft kriegerisch anmutendes Bild.

Der räuberische Kutter *Marrie Jacob* wurde von zwei „liebenswürdigen Kollegen" rechts und links flankiert und von einem dritten zu zusätzlichem Schutz von achtern gedeckt. Dieser dritte Kutter folgte derart dichtauf, daß die übliche Methode der Wasserschutzpolizisten, ein verbrecherisches Schiff über das Heck zu entern, unmöglich wurde. *Seefalke*, dessen Besatzung sehr um ihre entführten Männer bangte, fuhr zwar mehrere Manöver, um die kriegerische Kutterflotte von ihrem Kurs abzubringen, aber es gelang nicht. Die Kutter hatten ihre Bäume außerbords gestellt und auf 45 Grad gefiert. Alle Netze, Kurrbäume und Ketten waren ebenfalls außerbords beigelascht. Das gab dem Ganzen nicht nur ein verwegenes Aussehen, sondern war auch gefährlich für die Verfolger-Boote. Besonders einer der flankierenden Kutter ließ es auf sehr bedrohliche Annäherungen ankommen – und plötzlich war es wirklich soweit: Es kam zu einer Kollision mit dem *Seefalken*, bei der das Schiff zwar nicht manövrierunfähig gemacht, sein Hubschrauber-Landedeck aber beschädigt wurde. Dem Kutter mußte klar gewesen sein, daß er durch sein sträfliches Handeln nicht nur Sachwerte zerstörte, sondern auch Menschenleben gefährdete. Aber das alles schien den Besatzungen gleichgültig zu sein.

Die *Kniepsand* vom niedersächsischen Zoll feuerte Schüsse ab, die aber natürlich nicht zielgerichtet waren und von der *Marrie Jacob* gar nicht beachtet wurden. Dann versuchte das Zollboot, von achtern heranzulaufen, wurde aber von den flankierenden „Kollegen" so hart bedrängt, daß die Manöver nicht gelangen. Am frühen Nachmittag endlich gelang es dem Wasserschutzboot *Helgoland*, sich zwischen die flankierenden Boote zu drängen, die sich jedoch mit ausgeschwenkten Bäumen wehrten und mehrere Male bis auf wenige Meter an das Polizeiboot herankamen. Es herrschte Windstärke 4, die Dünung betrug zwei Meter Höhe und wies eine Länge von 60 Metern auf. Durch die grobe See arbeiteten natürlich alle Schiffe besonders stark, und es kostete unheimliche Mühe, das Polizeiboot auf Kurs zu halten und die Fahrt genau zu bemessen. Denn Ziel war ja, von achtern zu entern.

Ein Ausscheren war ganz unmöglich, da die *Helgoland* aufs engste zwischen den beiden auflaufenden Kuttern stand. Jedes Manövrieren war hier zu minuziöser Kleinarbeit unter ungeheurem Druck geworden. Um in dieser Situation eine Kollision zu verhindern, gab das Zollboot

Kniepsand jetzt mehrfach das internationale Stoppsignal mit dem Nebelhorn ab. Der *Seefalke* hatte schon längst das gelbe Signal als Flaggensignal zum selben Zweck gesetzt. Aber es nützte alles nichts...

Da gelang es der Helgoland, bis auf etwa einen halben Meter an das Heck des vor ihr fliehenden Räuber-Kutters heranzukommen. Ein Polizeibeamter stand sprungbereit auf dem obersten Bugband, hielt sich bis zur Sekunde eines geeigneten Absprungs am Flaggenstock fest und konnte dann tatsächlich über die dampfende Gischt hinweg unverletzt auf dem Holzdeck der *Marrie Jacob* landen. Er stürmte über die Treppe der Backbordseite zur Brücke hinauf, fand die Tür jedoch verschlossen. Hinter dieser Tür aber befanden sich nicht nur die fünf Besatzungsmitglieder, sondern auch die Geiseln, die von Glück sagen konnten, daß ihre Entführer sich entschlossen, die Schlüssel umzudrehen, und dann vor dem gesenkten Pistolenlauf des Beamten auch endlich aufgaben.

An solchen Beispielen wird deutlich, wie auch heute noch die Weite des Meeres dazu verführt, in rechtswidriger Weise zu handeln – immer in der Hoffnung, Beute zu machen und einer Strafe zu entgehen. Waren es früher die Piraten, die Verfolgungen aufnahmen, Angriffe starteten und fremde Schiffe enterten, so sind es heute die Hüter der Gesetze, die zur Wahrung von Recht und Ordnung Verfolgungen und Übersetzungen auf fliehende Schiffe vornehmen müssen. Und wie die Beispiele gezeigt haben, fordert das alles ein sehr hohes Maß an persönlichem Mut, an Einsatzbereitschaft und körperlichem Durchstehvermögen.

Übrigens kann ein Wasserschutzpolizist niemals zu einer so gefährlichen und exponierten Handlung, wie sie eben beschrieben wurde, gezwungen werden – genausowenig, wie der Bootsführer eines Polizeibootes gezwungen ist, eine

Verfolgung bis zur letzten, vielleicht tödlichen Konsequenz durchzuhalten. Jede Verfolgung ist ohnehin zu Ende, wenn ein fliehendes Schiff eine fremde Hoheitszone oder seine Heimatgewässer erreicht hat. Das gilt natürlich nicht bei Kapitalverbrechen, wie zum Beispiel bei Mord, bei Rauschgiftdelikten oder Waffenschmuggel. Aber solche Fälle stehen ohnehin jenseits der Kompetenz der Wasserschutzpolizei. Sie werden von Interpol oder der Kriminalpolizei verfolgt.

In vielen Fällen sieht die Arbeit der Wasserschutzpolizei ganz ähnlich aus wie die der grünen Amtsbrüder in den Städten und auf den Straßen. Auch auf den Schiffahrtswegen gibt es Ordnungswidrigkeiten – von Trunkenheit am Ruder bis zur Nichteinhaltung von Verkehrsvorschriften, von der Verladung verbotener, gefährlicher Güter bis zur Verursachung von Seeunfällen. Und da auch die Häfen und Hafengebiete in den Kompetenzbereich der Wasserschutzpolizei fallen, ist die Palette bunt und breit gefächert.

Seit vielen Jahren gehört nun auch – neben der beschriebenen Aufsicht über das Fischereiwesen – die Überwachung der Seehund- und Wasservogeljagd zu den Aufgaben der Wasserschutzpolizei. Und vor allem sind es die Verfolgung und Ermittlung von Ölverschmutzungen in der Nordsee und anderer Gewässerverunreinigungen geworden, die den Polizisten des Meeres viele Sorgen bereiten und hart bestraft werden. Im Gegensatz zum Zoll ist der Wasserschutzpolizist bei der Strafverfolgung auch hier auf den Bereich der Hoheitsgewässer begrenzt. Aber in diesem Bereich kennt er seine „Pappenheimer" und die von ihnen bevorzugten Plätze.

Die Elbe-Außenreede zum Beispiel, wo die Frachtschiffe so gern ankern und auf neue Order warten, um dort draußen die Hafengebühr zu sparen, ist ein beliebter Platz, um die

Bilgen zu lenzen, das Deck zu waschen oder den Unrat, der sich auf großer Fahrt angesammelt hat, loszuwerden. Das alles bedeutet grobe Verschmutzung der Nordsee und muß von der Wasserschutzpolizei verfolgt und bestraft werden. Es ist eine mühsame Arbeit, denn nur eine einzige Beweissicherung kostet die Polizisten sieben bis neun Stunden an Bord, aber aufgrund ihrer Exaktheit können sie sich rühmen, insbesondere in der jüngsten Vergangenheit zur Reduzierung der Verschmutzung der Nordsee beigetragen zu haben.

QUELLENNACHWEISE

Ploetz, *Auszug aus der Geschichte*, Ploetz-Verlag, Würzburg

Marten/Mäckelmann, *Dithmarschen*, Westholsteinische Verlagsanstalt, Heide

Erich Lüth, *Seeräuber und Geraubte*, Christian Wolff, Flensburg

Walter Fiedler, *Inselführer von Helgoland*, Breklum-Verlag

Eduard Boos, *Leben und Weben auf Helgoland*, Verlag Tauchnitz, Leipzig

Kurt Ehlers, *Seehunde*, Nordwestdeutscher Verlag Ditzen & Co., Bremerhaven

Gerhard Gronefeld, *Seehunde*, Verlag Gerhard Stalling AG, Oldenburg und Hamburg

Kurt Knaak, *Wale voraus*, W. Fischer-Verlag, Göttingen

Lekturama-Enzyklopädie, Vallardi Edizione, Milano

Amtsarchiv Büsum

Landesarchiv Gottorf

Jahresberichte und Logbücher des Zolls und der Wasserschutzpolizei

Manches Schiff setzte im Sturm auf Sand, wenn Seeräuber falsche Seezei-
chen gesetzt hatten. Aus eigener Kraft gelang es dann nie, aus Mahlsand und
Wogen wieder auf Kurs zu kommen, und die Piraten hatten leichte Beute.
Foto: Privatbesitz

*Wo der große Zollkreuzer nicht mehr eingesetzt werden kann kommen die
kleinen Tochterboote zum Einsatz. Sie fahren hohe Geschwindigkeiten und
können ihre Mannschaft überall zum Einsatz bringen.   Foto: Privatbesitz*

Zu den Aufgaben des Wasser-Zolls gehört es auch, Tiere nach dem Washingtoner Artenschutzübereinkommen zu schützen. Nicht nur die Tiere selbst – wie hier die Schildkröte –, sondern auch Gegenstände, die aus ihrem Fell, ihren Zähnen oder Klauen hergestellt sind, dürfen nicht gehandelt werden.
Foto: Privatbesitz

Ein Boot mit Beamten will einen niederländischen Fischkutter, der bei verbotenem Seezungenfang gestellt wurde, entern. Der Kutter seinerseits versucht, auf der Flucht das Boot zu rammen.   Foto: Hans-Georg Bigalski

Das Polizeiboot hat das Heck des verfolgten Fischkutters erreicht. Ein Wasserschutzpolizist steigt auf die Reling und setzt zum Sprung an, um auf den Kutter zu gelangen. Foto: *Hans-Georg Bigalski*